ÉTUDE

SUR LE DOL

DE SA NATURE, DE SON INFLUENCE

SUR LES

FAITS JURIDIQUES VOLONTAIRES

EN DROIT ROMAIN ET EN DROIT FRANÇAIS

PAR

Henri SAVATIER

AVOCAT A LA COUR D'APPEL DE POITIERS

PARIS

IMPRIMERIE DE *L'ÉTOILE*, BOUDET, DIRECTEUR

1, RUE CASSETTE, 1

1881

ÉTUDE SUR LE DOL

DE SA NATURE

SON INFLUENCE SUR LES FAITS JURIDIQUES VOLONTAIRES

EN DROIT ROMAIN ET EN DROIT FRANÇAIS

THÈSE POUR LE DOCTORAT

L'ACTE PUBLIC SUR LES MATIÈRES CI-APRÈS SERA SOUTENU

Le mercredi 7 décembre 1881, à midi

PAR

Henri SAVATIER

Avocat à la Cour d'Appel de Poitiers.

Président : M. LABBÉ

Suffragants :
- MM. Demante, Léveillé, — *Professeurs.*
- Beauregard, Jobbé Duval, — *Agrégés.*

PARIS

IMPRIMERIE DE L'*ÉTOILE*

(ANCIENNE MAISON DONNAUD), BOUDET, DIRECTEUR

1, rue Cassette, 1.

1881

INTRODUCTION

SOMMAIRE

1 . Difficultés du sujet, terminologie vicieuse de la langue du droit.
2. Aperçu philosophique sur la nature du dol.
3. Il ne détruit pas la volonté. Conséquences.
4. Définition.
5. Délimitation du sujet à traiter.

1. Il ne sera pas inutile au début de cette étude de jeter un coup d'œil d'ensemble sur le terrain à parcourir. C'est en effet un caractère particulier aux sujets juridiques de pouvoir se prêter à des développements presque infinis. Les diverses parties de la science du droit sont liées entre elles d'une façon si intime qu'il serait facile de les passer toutes en revue à propos d'un objet même secondaire. Mais trop souvent, en s'efforçant d'exploiter jusqu'au bout une mine inépuisable, on sacrifie l'ordre et la clarté. Par des gradations insensibles, on fait entrer dans le cadre de ses investigations des actes profondément dissemblables ; faute de tenir compte des nuances, on en vient à oublier les différences essentielles.

Je m'efforcerai d'autant plus d'éviter un semblable écueil que la nature de mon sujet m'expose davantage à m'y heurter. En traitant du dol, je pourrais, à la faveur d'un terme assez vague et un peu élastique, donner à cette étude des dimensions qui excéderaient de beaucoup les limites assignées à une thèse de doctorat. Dans la législation romaine, ce n'est rien moins que l'œuvre entière du préteur qui s'offre assez naturellement à l'esprit. En droit français, si le champ paraît moins vaste, cependant d'éminents jurisconsultes ont trouvé le moyen d'écrire sur la matière de volumineux traités (1).

En étant plus limité, mon travail, je l'espère, sera mieux délimité. Mon désir est qu'il gagne en précision ce qu'il perdra en étendue.

Pour atteindre ce but et ne pas tomber, dès le principe, dans une confusion complète, le point essentiel est de partir d'idées parfaitement nettes. Qu'est-ce donc que le dol ? A cette question fondamentale, il faut évidemment répondre par une définition. Or, ce n'est pas là chose si facile, dans une science où la terminologie laisse tant à désirer. La langue du droit n'a pas, il s'en faut, cette admirable propriété d'expressions qui est l'apanage presque exclusif des sciences exactes. Formée au fur et à mesure du développement des relations sociales et sous l'influence simultanée d'une pratique impérieuse et d'une théorie hâtive, elle manque d'unité et présente bien des incertitudes et des amphibologies. On y compte à profusion des mots détournés de leur sens primitif, étendus d'un sens à

____

(1) Bédarride, *Traité du dol et de la fraude en matière civile et commerciale*, 4 vol. in-8. — Chardon, *Traité du dol*, 3 vol. in-8.

un autre, des synonymes ou du moins des termes employés comme tels.

Afin de vaincre ces difficultés et d'obtenir une notion aussi exacte que possible du dol, un rapide aperçu philosophique ne sera pas de trop.

2. L'existence des lois, leur caractère obligatoire ne se justifient qu'autant que l'homme, maître de lui-même, peut diriger sa conduite selon les déterminations d'une volonté libre. Le premier principe, l'axiome fondamental de la science du droit peut se formuler ainsi : la volonté est libre. Elle l'est tellement, que nulle force au monde, pas même la violence (1), ne peut agir directement sur elle. On ne peut être contraint à vouloir.

Loin d'être isolée dans l'homme, la volonté exige nécessairement l'assistance d'autres facultés. La sensibilité doit la mettre en rapport avec le monde extérieur, l'intelligence doit l'éclairer. Le rôle de cette dernière faculté est capital, on ne peut vouloir sans savoir ce que l'on veut ; aussi l'acte de la volonté est-il toujours précédé d'une opération de l'intelligence. Impossible par conséquent d'apprécier justement la valeur d'une détermination, sans tenir compte de la lumière qui l'a éclairée. Il est bien rare que cette lumière ne soit pas entourée de quelques nuages ; la pleine connaissance

(1) Il y a deux sortes de violence ; l'une (*vis compulsiva*) agit en produisant la crainte et, comme nous le verrons tout à l'heure, ne détruit nullement la volonté ; l'autre (*vis absoluta*) réduit l'homme à un état purement passif ; elle le force à accomplir malgré lui un acte matériel, mais nullement à le vouloir.

de la vérité est difficile à acquérir ; le plus souvent, dans la pratique de la vie, nous ne pouvons l'attendre pour agir. Par là, la liberté, sans être supprimée, est, en quelque sorte, diminuée (1).

Il est maintenant facile de voir quels moyens s'offrent à l'homme qui veut peser sur les déterminations d'autrui. Il tournera la difficulté ; indirectement, il arrivera au but qu'il ne pouvait atteindre directement. Pour agir sur la volonté, il passera par l'intelligence. Les modes d'action sur cette faculté ne manquent pas. Les uns parfaitement licites, consistent dans une persuasion conforme aux droits de la vérité. D'autres offrent un caractère plus répréhensible, mais ne sont hélas ! que trop fréquents dans les rapports des hommes entre eux. On y recourt, toutes les fois qu'au mépris de la loi naturelle, on excite, dans l'esprit de son semblable la crainte ou l'erreur. Dans le premier cas, il y a violence ; dans le second, *il y a dol*.

3. Il importe de remarquer que si la liberté est atteinte, elle n'est pas supprimée. La crainte ou l'erreur ne sont que des motifs. Malgré la violence ou le dol, on reste libre de ne pas vouloir. C'est la vérité exprimée par cette formule célèbre : *Deceptus aut coactus volui, sed volui.*

Il suit de là que le législateur, dans sa mission de répression, se trouve aux prises avec une double difficulté. D'une part, il y a un acte extérieurement réalisé dont il lui faut connaître les motifs, et cependant il

(1) V. à ce sujet de Varcilles, *Etude sur l'erreur*, introduction.

n'est pas en son pouvoir de scruter les consciences. D'autre part, puisqu'il y a volonté, cet acte extérieur réunit le plus souvent les caractères essentiels à son existence.

Nous verrons, dans le cours des développements que comporte notre sujet, comment et dans quelle mesure les législateurs anciens et modernes ont surmonté ces obstacles. Cette intéressante question trouvera plus loin sa place. Elle ne peut ni ne doit être traitée dans une digression à laquelle il est temps de mettre fin pour revenir à la définition du dol.

4. Nous avons eu recours à la philosophie pour obtenir les éléments de cette définition. Il s'agit maintenant de la formuler d'une façon scientifique.

Les droits, avant d'être acquis aux personnes, ont besoin d'être engendrés par certains faits. Ces faits ont reçu le nom de *faits juridiques* (1).

Ils sont de deux sortes. Les uns purement accidentels ne dépendent nullement de la volonté humaine, tels sont par exemple les successions. Les autres, au contraire, sont libres et par conséquent volontaires. A ces derniers se rapporte le dol. D'après ce qui a été dit plus haut, nous donnerons donc ce nom aux *manœuvres employées dans le but d'induire une personne en erreur de façon à la déterminer à accomplir un fait juridique volontaire.*

Il s'en faut de beaucoup que toutes les ruses, machinations, supercheries, etc., dont on use dans

______

(1) De Savigny, *Traité de droit romain*, t. III, ch. III, introduction.

l'accomplissement d'actes dommageables rentrent dans cette définition. Pour qu'il en soit ainsi, une *double condition* est requise. En premier lieu, les artifices employés doivent tendre à provoquer un acte *volontaire*. Avant tout le dol est la cause d'un *vice du consentement*. En second lieu, cet acte volontaire doit être aussi un fait juridique, c'est-à-dire *légalement* capable de créer ou de détruire un droit; si bien que, pour l'anéantir, le législateur soit obligé de revenir sur son œuvre.

5. Est-ce à dire maintenant que les lois positives l'aient toujours ainsi compris? Non, elles ont plus ou moins été victimes de cette terminologie vicieuse et incertaine à laquelle j'ai fait allusion. Trop souvent le mot dol a été employé comme synonyme de mauvaise foi et appliqué à des actes ne réunissant pas les caractères indiqués tout à l'heure.

Que l'on ne m'accuse cependant pas de substituer au sens reconnu par l'usage une signification purement arbitraire et de violer ainsi une règle fondamentale en matière de définitions. Je n'ai fait que dégager les idées que l'on retrouve en dernière analyse, à travers des inconséquences et des contradictions, au fond des législations anciennes et modernes. C'est là une vérité que nous nous efforcerons bientôt de démontrer d'une façon spéciale pour le droit romain. Quant au droit français, les preuves à l'appui de mon opinion sont faciles à citer, sauf à les développer ultérieurement (1).

______

(1) V. *infrà*, n° 105.

Il y a d'abord la place occupée au Code par la théorie du dol exposée justement à propos des contrats, c'est-à-dire des actes volontaires par excellence. Il y a ensuite la sanction prononcée par les articles 1117 et 1304, qui consiste en une action en rescision dirigée contre des faits juridiques dont l'existence légale se trouve par là même reconnue.

Du reste, les législations présenteraient-elles encore bien plus d'obscurités et d'incertitudes, qu'il nous faudrait néanmoins suivre des distinctions qui sont dans la nature des choses. Partir de notions précises, est une condition nécessaire si l'on veut arriver à un tout coordonné (1).

Toutefois, ceci ne nous empêchera pas lorsque l'intelligence des institutions l'exigera, d'étendre nos investigations au delà de leurs limites naturelles. Et par exemple, les questions qui se rattachent à la difficile théorie des nullités sont trop nombreuses pour que nous puissions nous dispenser de présenter à ce sujet quelques explications. Nous serons aussi amené presque nécessairement à rechercher d'une façon générale quels étaient, chez les Romains, et quels sont encore maintenant les moyens de faire pénétrer l'équité dans la législation. Les deux sujets se touchent de fort près, car, nous l'avons dit, la répression du

---

(1) Pour cette raison, nous avons laissé complètement en dehors de notre étude la théorie des fautes en matière contractuelle où cependant on donne généralement le nom de dol à la mauvaise foi que le débiteur apporte à remplir ses engagements. C'est le *dolus* opposé à la *culpa* et au *casus*.

dol oblige à revenir sur l'œuvre première du législateur; il faudra donc se demander comment et dans quelles limites il est ainsi permis de corriger la loi.

Il ne me reste plus qu'à souhaiter d'être complet dans le développement d'un sujet désormais suffisamment connu dans ses grandes lignes. Mes efforts tendront spécialement à élever la discussion et à découvrir les idées générales.

DROIT ROMAIN

6. Quelques mots d'abord touchant la méthode qui sera suivie dans l'analyse des nombreux textes du droit romain sur la matière.

Je me propose de rechercher dans un premier chapitre quelles furent les idées des jurisconsultes romains sur la nature du dol, et combien ils en distinguèrent d'espèces. Un second chapitre, consacré aux effets généraux du dol contiendra, avec une étude de l'atteinte portée à la validité des actes juridiques, l'indication rapide des divers moyens offerts par le droit romain pour obtenir réparation. Enfin, les chapitres suivants présenteront un examen détaillé de chacun de ces divers moyens, et notamment des *bonæ fidei judicia*, de l'action et de l'exception de dol.

CHAPITRE PREMIER

GÉNÉRALISTES.

§ 1ᵉʳ — De la notion du dol en droit romain et de l'extension qni lui fut donnée.

SOMMAIRE.

7. Premières définitions du dol en droit romain.
8. Leur interprétation.
9. Extension donnée à la notion du dol.
10. Ses limites.

7. Le préteur Aquillius Gallus, après avoir institué des mesures générales de répression contre le dol, en donna une définition que Cicéron rapporte dans deux passages de ses œuvres et dont il fait même remarquer la justesse : « *Dolum Aquillius tum teneri putat,* » *cum aliud sit simulatum, aliud actum* (1). » — « *Cum* » *ex eo (Aquillius) quæreretur, quid esset dolus malus,* » *respondebat : Cum esset aliud simulatum, aliud actum* » *Hoc quidem sane luculenter, ut ab homine perito de-* » *finiendi* (2). »

La définition d'Aquillius, tant à cause de sa justesse que de l'autorité de son auteur, fut d'abord acceptée sans conteste. Elle est reproduite au Digeste avec quelques modifications et attribuée à Servius : « *Dolum* » *malum Servius quidem ita definit, machinationem*

(1) *De natura deorum*, l. III, 30.
(2) *De officiis*, l. III, 14.

» *quandam alterius decipiendi causa, cum aliud simu-*
» *latur et aliud agitur* (1). » Le jurisconsulte Pedius,
cité au titre *de Pactis* (2), s'exprime en termes
presque identiques.

Cependant, les critiques ne tardèrent pas à se produire; malgré le témoignage de Cicéron, on crut reconnaître que le préteur n'avait pas parlé en homme
qui sait définir, *peritus definiendi*. Labéon formula une
nouvelle définition qui fut approuvée par Ulpien et sur
laquelle nous reviendrons.

8. Pour le moment je m'attacherai à des textes qui
concordent si bien entre eux. Evidemment on doit
pouvoir en tirer l'expression première de l'idée du dol
chez les Romains; et nous allons voir qu'elle s'accorde parfaitement avec la véritable notion dont les
caractères ont été déterminés plus haut. On peut reprocher à Aquillius et à Servius d'être incomplets,
mais non d'être inexacts.

Il y a dol, nous dit-on, *cum aliud simulatur et aliud
agitur*. Ces expressions difficiles à traduire compren-
nent, au dire de Servius, toutes les manœuvres employées pour tromper : *machinationem quandam alterius
decipiendi causa.* Or tromper, c'est faire naître une
erreur dans l'intelligence d'autrui. Telle est bien,
nous l'avons vu, l'une des conditions essentielles à
l'existence du dol. Mais ce n'est pas la seule, et c'est
ici que l'on peut accuser les définitions romaines

(1) D. *De dolo malo*, l. 1, § 2.
(2) D. l. 7, § 9.

d'être incomplètes. Toutefois, ce qui leur manque s'impose presque de soi, et pour cette raison sans doute, on l'a passé sous silence. Le but du préteur, dans l'édit, n'était pas en effet de punir la tromperie, mais bien d'en réparer les conséquences, et celles-ci consistent justement dans les actes volontaires que la personne trompée s'est déterminée à accomplir sous l'influence de l'erreur. De plus, les actes volontaires dont il s'agit doivent être nécessairement des faits juridiques, c'est-à-dire tels que, d'après le pur *jus civile*, leur effet légal eût été la création ou l'anéantissement d'un droit. Point n'est besoin de remède prétorien, si la victime de la tromperie peut puiser dans le droit commun un moyen de se faire rendre justice. Mais, si la loi civile vient consacrer les résultats d'une fourberie faite avec habileté, ou, ce qui revient au même, ne donne pas d'armes pour les combattre, alors le préteur intervient, et pour remplir sa mission d'équité, il est obligé de revenir sur l'œuvre du législateur.

Les divers caractères, selon nous, constitutifs de la notion du dol sont maintenant réunis; si bien que nous pourrions, répétant la définition donnée plus haut (1), dire qu'en droit romain on donna à l'origine le nom de dol : *aux manœuvres employées dans le but d'induire une personne en erreur de façon à la déterminer à accomplir un fait juridique volontaire.*

9. Tout en approuvant la définition d'Aquillius,

(1) V. *suprà*, n° 4.

Cicéron semble disposé à donner la plus grande extension aux innovations de son collègue, il y voit un
remède contre les fraudes de tout genre : « *Everricu-*
» *lum malitiarum omnium, judicium de dolo malo* (1). »
Cette phrase nous indique que, dès le principe, la
théorie du dol eut une tendance marquée à sortir de
son cadre propre pour s'identifier avec celle des effets
de la mauvaise foi. De fait, le préteur usa largement
de l'arme qu'il venait de se forger; ce fut le plus puis-
sant moyen mis à son service pour humaniser la vieille
législation des Douze Tables. Désormais, il atteignit
ainsi tous les actes déshonnêtes, consistant ou non
dans une tromperie, qui, sous le couvert du droit
civil, blessaient l'équité naturelle : « *per occasionem*
juris civilis contra naturalem æquitatem (2). » De
tous les caractères que nous lui avons reconnus, le dol
ne conserva plus d'une façon indiscutable que le
dernier. Du reste, ce n'est pas le moins original, car
il consiste dans cette parfaite légalité extérieure qui
oblige le législateur, s'il veut réprimer une injustice,
à revenir sur son œuvre.

On comprend qu'en présence d'une pratique qui
n'était plus d'accord avec la théorie primitive, les jurisconsultes aient songé à modifier la définition d'Aquillius. Ulpien nous rapporte que ce fut l'œuvre de Labéon : «*Labeo autem, posse et sine simulatione id agi, ut*
» *quis circumveniatur : posse et sine dolo malo aliud agi,*
» *aliud simulari : sicuti faciunt qui per ejusmodi dissimu-*

(1) *De nat. deorum*, lib. III, 30.
(2) D. *De doli mali et m. except*, l. 1, § 1.

» *lationem deserviant, et tuentur vel sua vel aliena. Itaque*
» *ipse sic definiit, dolum malum esse omnem calliditatem,*
» *fallaciam machinationem ad circumveniendum, fallen-*
» *dum decipiendum alterum adhibitam. Labeonis defi-*
» *nitio vera est* (1). »

Les critiques de Labéon sont de deux sortes : les unes sont relatives à la distinction entre le *dolus bonus* et le *dolus malus,* elles trouveront place dans la seconde partie de ce chapitre; les autres doivent attirer de suite notre attention.

Posse sine simulatione id agi, ut quis circumveniatur. On peut circonvenir quelqu'un, sans qu'il soit nécessaire de recourir à la tromperie. Voici qui correspond parfaitement à nos remarques de tout à l'heure. La notion du dol s'est étendue, elle comprend maintenant ces finesses, *omnem calliditatem,* à l'aide desquelles un plaideur malhonnête mais habile, peut, par sa seule connaissance du droit, circonvenir, *ad circumveniendum,* son adversaire, sans avoir besoin pour cela de l'induire en erreur. L'ancienne législation romaine avec son formalisme, ses règles de droit strict, n'offrait à cet égard que trop de facilités ; aussi, on alla jusqu'à reconnaître qu'il y avait dol, c'est-à-dire mauvaise foi, rien qu'à vouloir profiter de certains avantages accordés par elle.

Les textes nous fournissent de nombreux exemples dans lesquels, manifestement, il n'y a aucune tromperie, et qui cependant rentrent dans les cas d'appli-

______

(1) D. *De dolo malo,* l. 4, § 2.

cation de l'action ou de l'exception de dol. Il est facile d'en citer quelques-uns. D'abord, en ce qui concerne l'action, indépendamment des espèces prévues au titre du digeste *De dolo malo*, par les lois 18, § 5, 19, 32, 34, 35, nous signalerons la théorie des contrats innommés, où l'action de dol fut, on le sait, appelée à jouer un rôle important. On l'accordait à la partie qui s'était exécutée, pour cette seule raison que le droit civil ne lui en offrait aucune autre équivalente (1). Le préteur ne se préoccupait point de la question de savoir si, pour amener l'une des parties à s'exécuter, l'autre avait usé envers elle de tromperie. Le dol consistait uniquement à vouloir profiter d'un avantage injustement accordé par le droit civil.

En ce qui concerne l'exception de dol, les exemples sont encore bien plus nombreux. Bornons-nous à citer le cas du constructeur de bonne foi sur le terrain d'autrui (2), et celui du débiteur invoquant la compensation (3). Pour l'un et pour l'autre, le dol qui servira de base à l'exception ne sera pas en général autre chose que l'iniquité même de la demande.

En résumé, grâce à l'extension donnée à la notion du dol, les diverses mesures dues au préteur tendirent principalement à réparer les imperfections du droit civil.

10. Nous devons maintenant répondre à une objection qui se présente naturellement à l'esprit. Puisque

(1) D. *De præscriptis verbis*, l. 5, § 3; C. *De dolo malo*, l. 4.
(2) D. l. 7, § 12, *De adquirendo rerum dominio*.
(3) Inst. *De actionibus*, § 30.

le préteur, sous prétexte de dol, s'est arrogé le pouvoir de modifier à son gré le droit civil, d'en annuler les effets, d'en combler les lacunes; non seulement il ne sera plus question du fameux adage : *dura lex, sed lex*, mais encore le droit civil lui-même va disparaître remplacé par l'équité naturelle.

Les Romains étaient trop attachés à leurs vieilles lois, pour qu'il fût ainsi.

D'abord, la législation prétorienne conserve son caractère subsidiaire. Point de nullités *ipso jure*, mais seulement des exceptions qui paralysent sans détruire. L'action de dol est soumise à d'importantes restrictions. Elle n'est accordée qu'à défaut de tout autre moyen et après une *causæ cognitio* (1) permettant d'apprécier la gravité des motifs : « *si de his rebus alia actio non erit, et justa causæ esse videbitur*(2). » Autant de règles que nous aurons à approfondir dans l'un des chapitres suivants.

De plus, il ne faudrait pas croire que la notion du dol reçût jamais d'une façon complète et certaine l'extension dont nous avons parlé. Les preuves du contraire abondent.

Ainsi, l'exécution des pactes unilatéraux ne fut jamais assurée par l'action de dol. Ce secours, d'après l'opinion générale, fut égalemeni refusé au constructeur de bonne foi sur le terrain d'autrui, après sa dépossession. L'action Paulienne nous offre un exemple encore plus saillant et présente une double particula-

(1) D. *De dolo malo*, l. 1, § 5.
(2) D. h. t. 1. 1, § 1.

rité. En premier lieu, les actes légaux accomplis de mauvaise foi, mais sans tromperie par le débiteur, ne sont pas même qualifiés dol, mais bien fraude. En second lieu, pour les réprimer, le préteur créa une action nouvelle et ne voulut pas se servir de celle du dol qui cependant existait déjà.

L'exception de dol, simple incident de procédure, apportait moins de trouble que l'action à la marche ordinaire du droit civil; aussi fut-elle d'une application plus générale. Toutefois il est encore possible de citer des cas où le préteur hésitait à s'en servir. Pour la compensation en particulier, il fallut un rescrit de Marc-Aurèle (1) afin, sinon d'en permettre, du moins d'en généraliser l'usage.

§ 2. — Des diverses espèces de dol.

SOMMAIRE.

11. Utilité des distinctions.
    A. Dolus bonus, dolus malus.
12. Divers sens du mot *dolus bonus.*
13. Dol toléré.
    B. Dol principal, dol incident.
14. En quoi consiste la distinction, son intérêt pratique.
15. De son existence en droit romain.
16. Dol substantiel, dol accidentel.
    C. Dol direct ou personnel, dol indirect.
17. Distinction toute relative, son fondement, ses conséquences.
18. Différence entre les effets du dol et ceux de la violence.
19. Conclusion.

____

(1) Inst *De actionibus*, § 30.

11. Suivant les diverses formes qu'il revêt, le dol peut produire des effets juridiques différents ; de là l'intérêt de les distinguer.

La nature des manœuvres employées pour tromper, le genre d'erreur auquel elles ont donné naissance, la qualité des personnes auteurs et victimes du dol sont autant de sources de divisions logiques. Du reste, sans chercher à rien faire de nouveau, nous nous bornerons à rapporter celles qui résultent explicitement ou implicitement des textes du droit romain.

Nous avons cru utile de présenter, dès maintenant, le tableau de ces distinctions. L'intelligence des explications qui seront données dans les chapitres suivants se trouvera, de la sorte, facilitée. Mais, afin de ne pas empiéter, nous indiquerons seulement les traits essentiels, réservant pour plus tard la discussion des effets produits par chaque espèce de dol.

A. — *Dolus bonus, dolus malus.*

12. A l'origine le mot *dolus* employé seul n'était pas nécessairement pris en mauvaise part ; aussi avait-on coutume de lui ajouter l'une des deux épithètes : *malus* ou *bonus*. Deux titres, l'un au Digeste, l'autre au Code sont qualifiés : *de dolo malo* ; et en cela, la compilation de Justinien ne fait que se conformer aux

termes de l'édit du préteur : « *Non fuit autem conten-*
» *tus prætor dolum dicere, sed adjecit malum : quoniam*
» *veteres dolum étiam bonum dicebant* » (1). Dans ce
texte, Ulpien nous présente la distinction comme
vieillie ; en effet, par la force même de l'usage, *dolus*
n'avait pas tardé à devenir synonyme de *dolus malus.*
Ceci, toutefois, ne doit pas nous dispenser d'étudier
cette première division qui semble avoir été pour les
Romains l'une des plus importantes.

On se souvient de la seconde critique faite par
Labéon à la définition de Servius : « *Posse et sine dolo*
» *malo aliud agi, aliud simulari : sicuti faciunt, qui per*
» *ejusmodi dissimulationem deserviant et tuentur vel sua*
» *vel aliena* (2). » L'objection se rapporte évidemment
à l'existence du *dolus bonus,* et de fait elle ne manque
pas d'une certaine base : on peut soutenir, par exemple, que le créancier qui, à l'aide de tromperies, obtient de son débiteur le paiement d'une obligation
légitimement contractée, ne se rend pas coupable
d'un dol très répréhensible. Il est cependant possible
de défendre encore sur ce point la définition d'Aquillius et de Servius ; le dol, tel que l'entendaient avec
raison ces jurisconsultes , consistait essentiellement
en une tromperie. Or, tromper, quel que soit le but
que l'on se propose, est toujours un acte mauvais.
L'hypothèse visée par Labéon serait plus justement
placée parmi celles assez nombreuses où le dol, bien

(1) Ulpianus, lib. XI, *ad Edictum*; D. *De dolo malo,* l. 1, § 3.
(2) D. *De dolo malo,* l. 1, § 2.

qu'il existe, ne tombe pas sous la répression organisée par le législateur.

Du reste, cette manière de voir, qu'elle fût ou non celle des premiers jurisconsultes romains, doit, pour ne pas être en contradiction avec tous les textes, ne s'appliquer qu'au dol dans sa notion exacte, c'est-à-dire aux manœuvres qui tendent à provoquer des actes juridiques. Du moment où la tromperie a un autre but que celui-là, il est certain qu'elle peut, selon les cas, constituer un *dolus bonus*. Ainsi, on donnera ce nom en particulier à tous les stratagèmes imaginés pour se défendre contre les ennemis ou les brigands : « *Maximè, si adversus hostem latronemve quis manichetur* (1). »

A côté de cette première acception assez restreinte, il y en avait une autre plus importante. D'après les principes du droit romain sur le dol, l'expression *dolus bonus*, même quand elle fut vieillie, correspondit toujours à une distinction parfaitement juridique. On sait que, pour remédier aux rigueurs du droit strict, le préteur finit par faire rentrer dans la notion du dol toutes les habiletés au moyen desquelles on parvenait à tourner la loi contre l'équité. Mais, s'il arrivait trop souvent que le droit positif manquât ainsi à sa mission, ce n'était pas heureusement la règle générale ; il y avait aussi des habiletés de procédure venant en aide à un intérêt légitime, la chicane elle-même

____

(1) D. *De dolo malo*, l. 1, § 3.

pouvait être mise au service de l'équité, et c'était bien là un *dolus bonus*.

Il n'est pas impossible de trouver dans les textes des espèces où l'existence de cette dernière sorte de *dolus bonus* soit mise en évidence. On sait, par exemple, qu'en principe il y a dol dans l'acte d'un héritier *ab intesta* qui, seul institué par le testament, répudie l'hérédité testamentaire et faisant tomber de cette façon les libéralités du défunt obtient contre sa volonté une succession nette de toute charge. Le préteur combat au nom de l'équité cet inique résultat du droit civil, il accorde une action aux légataires frustrés. Toutefois, il laisse le droit civil suivre son cours si l'héritier n'a pas agi par fraude (1), et surtout s'il a usé de cet artifice légal pour se défendre contre une injustice. Ainsi le décide Papinien à propos d'un testament où l'on avait éludé les dispositions de la loi Falcidie (2). Une solution analogue dans une espèce un peu différente nous est fournie par Paul. Ce jurisconsulte présente comme un *dolus bonus* l'interposition de personne faite dans un but légitime (3).

13. Ce serait une erreur de vouloir faire rentrer dans cette première distinction et de ranger dans le *dolus bonus* les manœuvres et artifices que le législateur, en raison de leur importance minime, de leur fréquence dans la pratique des affaires, ou pour d'autres motifs, n'a pas jugé à propos de réprimer. C'est là ce

---

(1) D. *Si quis omiss. caus. testam.*, l. 6, § 8.
(2) D. *De legatis* (2), l. 77, § 31.
(3) D. *De negotiis gestis*, l. 19, § 3.

que l'on a très justement appelé : le dol toléré (1), et nous ne croyons pas que l'on doive, en droit romain, changer cette épithète pour une autre. A dire vrai, on oppose un texte dans lequel Ulpien présente comme licites les diverses ruses auxquelles ont trop souvent recours les vendeurs et acheteurs, dans le but d'obtenir un marché avantageux : « *In pretio emptionis et* » *venditionis naturaliter licere contrahentibus sè circum* » *venire* (2), » et l'on argumente du mot *licere.* Mais, il est facile de répondre avec le jurisconsulte Paul : *Non omne, quod licet, honestum est* (3). » A l'appui de notre opinion, nous pouvons encore citer ces paroles de Cicéron : « *Ita nec ut emat melius, nec ut ven-* » *dat quidquam, simulabit vir bonus* (4). » Comment croire, après cela, que l'épithète *bonus* ait pu être détournée à un tel point de son sens véritable ?

Dans la suite, nous aurons occasion de revenir sur le dol toléré. Nous verrons notamment, à propos de la *causæ cognitio,* comment, avant d'accorder l'action de dol, le préteur examinait dans quelle mesure les tromperies dont le demandeur avait à se plaindre pouvaient êtres tolérées.

B. — *Dol principal, dol incident.*

14. Bien qu'il soit difficile de déterminer exacte·ment l'influence du dol sur la volonté de la personne

---

(1) Demolombe, *Traité des contrats,* t. I, n° 180.
(2) D. *De minor. viginti quinque annis,* l. 16, § 4 ;
(3) D. *De regulis juris,* l. CXLIV, pr.
(4) *De officiis,* lib. III, 15.

trompée, cependant la théorie peut trouver dans cet élément presque insaisissable le fondement d'une distinction pleine d'intérêt.

Les manœuvres pratiquées ont-elles été la cause déterminante d'un fait juridique qui sans cela n'aurait pas eu lieu; il y a dol principal, ou suivant l'énergique expression des commentateurs du droit romain : *dolus causam dans*. Si au contraire on peut supposer que la victime du dol instruite de la véritable situation eût néanmoins donné son consentement, mais à des conditions, ou sous des modalités différentes; il y a dol incident. En un mot, si l'on supprime le dol, dans le premier cas, l'acte volontaire n'aurait pas été accompli; dans le second, il l'eût été, mais autrement. Pour chaque espèce il y aura une question d'appréciation dont la solution sera nécessairement laissée au juge.

Cette seconde distinction a une portée pratique des plus grandes. Pour que la réparation du préjudice causé par le dol soit complète, il faut en effet que les choses soient remises dans le même état que s'il n'y avait eu aucune tromperie. Si l'on veut parvenir à ce résultat, l'annulation du fait juridique sera de rigueur dans l'hypothèse du dol principal. Une mesure aussi radicale ne sera pas nécessaire pour arriver à la réparation du dol incident; il suffira d'atteindre les parties accessoires qui ont été viciées, par ailleurs l'acte attaqué sera maintenu. Dans les limites de la justice, le principe de la stabilité des conventions doit être respecté.

En réalité, il est facile de voir que le dol incident lui-même ne donne lieu à réparation que dans la mesure où il est : *causam dans*. Il n'y a en effet de préjudice (1) qu'autant que les supercheries de l'une des parties ont une influence quelconque sur la volonté de l'autre. Si l'on peut prouver que la partie tronpée instruite de la véritable situation n'eût apporté aucune modification à sa conduite, il est évident que tout motif de se plaindre lui manque.

15. Les principes qui viennent d'être exposés découlent de la nature des choses et sont conformes aux règles de l'équité. Mais ont-ils été reconnus par le droit romain? Ce qu'il y a de certain à cet égard, c'est qu'ils ont été formulés par les premiers commentateurs, qui, à tort ou à raison, ont cru trouver le fondement de la distinction dans la célèbre loi *Et eleganter* (2). Nous aurons plus loin à présenter sur ce texte difficile une étude détaillée. Pour le moment, contentous-nous de citer le passage qui, sauf une interprétation différente (3), semble être la reconnaissance

(1) Le dol existe par cela seul que les manœuvres qui le constituent ont été accomplies; n'auraient-elles eu aucun résultat, l'intention, *consilium fraudis*, suffit. Mais pour que le droit à une action soit ouvert, il faut qu'il y ait eu préjudice, *eventus damni*. Toutefois, le préjudice doit-être entendu ici dans un sens large, il ne consiste pas nécessairement dans un appauvrissement du patrimoine, il réside tout entier dans ce seul fait que l'on s'est engagé autrement que l'on aurait voulu. C'est dire que la réparation du dol a lieu dans la mesure où il est *causam dans*.

(2) D. *De dolo malo*, l. 7, pr.

(3) Nous voulons parler de l'interprétation donnée par M. de Vangerow et non de la suppression opérée par Noodt.) V. *infrà*, n° 56.)

formelle faite à l'occasion du contrat de vente de l'existence et des effets du *dolus causam dans* : « *Aut nullam* » *esse venditionem, si in hoc ipso ut venderet, circum-* » *scriptus est* (1). »

Du reste, il est hors de doute que si les Romains n'ont pas fait explicitement la distinction entre les deux espèces. de dol, cependant, ainsi que nous le verrons à propos des contrats de bonne foi, ils sont loin d'en avoir méconnu les conséquences pratiques.

16. On peut rapprocher de la distinction qui vient d'être étudiée celle que l'on fait parfois entre le dol substantiel portant sur les conditions essentielles à l'acte juridique et le dol accidentel portant seulement sur les conditions accessoires. Il importe toutefois de ne pas confondre l'une avec l'autre, car il s'en faut qu'elles soient équivalentes. M. Bédarride, dans son *Traité sur le dol* (2), avait essayé d'établir cette assimilation ; mais il s'est vu dans l'obligation de reconnaître que « le dol accidentel peut avoir des propor- » tions telles qu'on doive l'assimiler au dol substantiel, » en ce sens que, sans son emploi, le traité n'aurait pas » eu lieu (3). » En effet, il arrivera assez fréquemment que les points secondaires sur lesquels a porté le dol ont aux yeux de la partie trompée une si grande importance que la connaissance de la vérité eût complètement changé sa détermination.

Nous pensons donc que, relativement au degré d'al-

(1) V. l'explication de ce texte. n° 56.
(2) T. I, ch. i, sect. II, § 1.
(3) Id. n° 74.

tération subie par la volonté, il faut se tenir à l'ancienne distinction classique. Il n'y a pas lieu d'en établir une nouvelle qui par ailleurs pourrait présenter encore d'autres difficultés (1).

C. — *Dol direct ou personnel, dol indirect.*

17. Lorsque le vice du consentement causé par le dol a une certaine gravité, il peut, nous venons de le voir, entraîner l'annulation de l'acte intervenu. Mais, pour qu'il en soit ainsi, suffira-t-il de constater purement et simplement que la volonté a subi le degré d'altération voulu? Ou bien, faudra-t-il en outre rechercher quel est l'auteur des manœuvres dolosives, et si c'est bien lui, et lui seul, qui se trouve atteint par les mesures de réparation? En un mot, la question qui se pose est la suivante : Quelles personnes sont tenues en raison du dol? Est-ce seulement son auteur, ou bien encore tous ceux qui en tirent profit?

Nous trouvons, dans cet ordre d'idées, la distinction entre le dol direct ou personnel et le dol indirect.

Observons de suite que le mot dol personnel prête à équivoque.

(1) Ainsi, le consentement étant un élément essentiel des conventions, M. Bédarride en conclut que le dol sur le consentement est substantiel ; mais plus loin (n° 67), il est obligé d'avouer que tout dol porte en définitive sur le consentement, et c'est la vérité. On pourrait toutefois donner à ce mot : dol substantiel, un sens correspondant à une réalité pratique, en caractérisant de cette façon les tromperies dont le résultat est une erreur essentielle, et par là même, nous le verrons dans la suite, une nullité *ipso jure*. (V. *infrà*, n⁰ˢ 29 et 30.)

Dans un sens absolu, le dol est toujours personnel, car il est toujours imputable à une personne. Nous aurons bientôt à revenir sur ce point (1).

Dans un sens relatif, le dol personnel devenu synonyme de dol direct, c'est le dol envisagé par rapport à celui qui le commet. Au contraire, le dol indirect, c'est le dol envisagé par rapport aux tiers de bonne foi, qui, sans y avoir participé, en tirent indirectement (2) un profit.

Cette nouvelle distinction a pour origine une règle d'équité que l'on peut ainsi formuler : La réparation du préjudice causé par le dol ne doit atteindre que son auteur.

Voici maintenant les conséquences :

Le dol est-il direct? Il y a un recours. Celui qui a commis le délit est, dans tous les cas (3), tenu à fournir satisfaction. L'anéantissement des droits qui lui

(1) A propos du dol réel. (V. *infrà*, n₀ 20.)

(2) C'est-à-dire par le fait d'autrui. De là sans doute le terme dol *indirect*; puis, par opposition, on qualifie de *direct* le dol envisagé par rapport à son auteur, car si ce dernier tire un profit, c'est directement de son propre fait. D'ailleurs ces deux expressions assez peu claires n'ont pas non plus un sens bien fixe. En droit français on leur donne souvent une signification plus restreinte. (V. *infrà*, n° 113).

(3) Quand bien même il n'aurait tiré aucun profit du dol. Les mobiles qui poussent à tromper sont, en effet, de diverses natures. Tantôt, on veut acquérir un droit résultant, par exemple, d'un contrat où l'on est partie, ou bien encore de la répudiation d'une succession à laquelle on est soi-même appelé. Tantôt on agit en vue d'une simple espérance, par exemple, afin de faire conclure un traité avantageux à un parent dont on compte hériter. Tantôt enfin, on trompe uniquement dans le but de faire tort à un ennemi.

ont été injustement acquis, s'il les possède encore, telle sera, évidemment, la première de toutes les satisfactions.

Le dol est-il indirect? En principe il n'y a pas de recours. Les droits acquis aux tiers de bonne foi en conséquence du fait juridique entaché de dol (tel est le sens du mot *profit*) seront maintenus. Rien de plus juste. La victime du dol a, pour se faire indemniser, son action contre l'auteur des manœuvres ; si cela ne lui suffit pas, quelle raison y a-t-il de sacrifier, dans son intérêt, ceux qui, tout en agissant avec la plus entière loyauté, n'ont pas comme elle, une véritable faute à se reprocher?

18. Cette doctrine sur les effets du dol fut, dès le principe, admise en droit romain. Consacrée par l'édit du préteur, elle se traduisit, dans le domaine de la procédure, par la rédaction des formules qui durent être conçues *in personam* (1).

Dans une hypothèse analogue, celle de la violence, ces mêmes formules étaient au contraire *in rem scriptæ*. S'exprimant d'une façon générale, le préteur avait dit : « *Quod metus causa gestum erit, ratum non habebo* (2). »

Nous devons nous demander quelle est la raison d'être de cette différence.

Suivant M. Vernet (3), si la violence entraîne, dans tous les cas, l'annulation de l'acte qui en est entaché,

---

(1) D. *De doli mali et metus exceptione*, l. 2, § 1 ; *De dolo malo*, l. 15, § 3.
(2) D. *Quod metus causa*, l. 1, pr.
(3) *Textes choisis sur la théorie des obligations*, p. 238 et 242.

c'est parce qu'elle produit non pas un simple vice, mais bien une destruction complète du consentement. Partant de cette idée, cet auteur critique vivement l'ancienne maxime romaine (1) reproduite par les glossateurs sous cette forme : *qui mavult vult* ; qui préfère veut. « Aux yeux du droit philosophique, dit-il,
» ce raisonnement ne nous semble nullement con-
» cluant ; car celui qui, en pareille circonstance, fait
» un choix, choisit évidemment entre deux choses
» également éloignées de ses désirs ; il ne voudrait ni
» l'une ni l'autre, et venir dire qu'il a voulu puisqu'il
» a préféré ressemble fort à une plaisanterie. »

Nous ne sommes pas de l'avis de M. Vernet. Au point de vue philosophique, il est incontestable que la violence, celle qui n'est pas *vis absoluta* (2), laisse subsister le consentement. Pour qu'elle le détruisît, il faudrait que la volonté fût enchaînée ; or elle ne l'est pas, puisque l'on est toujours libre de subir la violence plutôt que de plier devant elle. Nous l'avons dit, on ne peut être contraint à vouloir. Cela est si vrai, que la responsabilité morale subsiste. Sans doute, on excuse celui qui accomplit une mauvaise action sous l'empire de la crainte, mais néanmoins on condamne sa faiblesse. On n'a jamais considéré qu'en pareil cas il y eut dispense d'accomplir le devoir.

De plus, comme le fait très bien remarquer M. Demolombe (3), pourquoi ferait-on sous ce rapport une

(1) D. *Quod metus causa*, l. 21, § 5.
(2) V. *suprà*, n° 2, note 1.
(3) *Traité des contrats*, t. I, n° 184.

» différence entre le dol et la violence? « Est-ce que le
» consentement, considéré en soi, subsiste plus, lors-
» qu'il a été surpris par dol que lorsqu'il a été extorqué
» par violence? Cela ne paraît guère admissible ; et
» même c'est la proposition inverse qui serait peut-
» être la plus vraie ; car la violence qui contraint la
» volonté en présuppose par cela même l'exercice ;
» *coactus volui, sed volui!* tandis que le dol, qui avoi-
» sine l'erreur et qui même se confond avec elle, serait
» plutôt destructif de la volonté elle-même. »

Il faut donc chercher ailleurs les motifs de la différence qui a été signalée.

Nous en indiquerons deux principaux.

En premier lieu, la violence trouble le bon ordre
de la société beaucoup plus profondément que le dol ;
il est donc juste que la réparation soit plus complète.

Ceci amène une observation. En général on envi-
sage surtout la violence et le dol au point de vue du
vice, crainte ou erreur, qu'ils produisent dans le consentement, mais on néglige de les considérer en eux-
mêmes comme faits dangereux et condamnables. Ce
dernier point a cependant son importance et il n'est
pas bien étonnant qu'il ait été l'objet des préoccupa-
tions du législateur. « Les actions *de dolo* et *quod metus*
» *causa*, dit à ce sujet M. Gide (1), ont pour cause
» non seulement le vice du consentement considéré
» en lui-même, mais les faits qui ont produit ce vice,
» faits coupables, dangereux et qu'il importe de répri-

(1) *Revue pratique de droit français*, 1865, t.XIX, p. 239.

» mer. Si maintenant cette répression est plus éner-
» gique pour les actes de violence que pour les actes
» de dol, rien de plus naturel et de plus logique ; car
» les actes de violence apportent, dans les relations
» sociales, un trouble bien plus grave et plus alar-
» mant. »

En second lieu, l'auteur du dol est presque toujours connu, tandis que celui de la violence l'est beaucoup moins souvent. On se déguise le plus possible lorsque l'on veut recourir aux moyens d'intimidation et l'on ne vient pas agir au grand jour : « *Metus habet in se igno-rantiam* (1),» disait Ulpien. Pour réparer le préjudice causé par la violence, il fallait donc autre chose que le droit de poursuivre un inconnu. Dans l'hypothèse du dol au contraire, le recours qui était illusoire de-vient parfaitement efficace, et l'on sait d'autre part que le législateur évite avec raison de prononcer sans né-cessité l'annulation des faits juridiques : *odia sunt res-tringenda.*

Outre les deux raisons qui viennent d'être indi-quées, M. Demolombe (2) en fait valoir deux autres.

L'une est que l'on est généralement autorisé à pré-sumer que l'auteur du dol n'est pas insolvable. L'autre, que la partie qui s'est laissée tromper n'est pas exempte de reproches, et qu'elle aurait pu être plus clairvoyante et moins crédule.

Sont-ce bien là de profondes différences entre le dol et la violence ?

(1) D. *Quod metus causa,* l. 14, § 3.
(2) *Traité des contrats,* t. I, nos 158 et 184.

Nous ne nions pas qu'il y ait une certaine part de vérité dans la première des raisons alléguées. Cependant les manœuvres dolosives, du moins celles qui sont atteintes par la loi, sont souvent pratiquées par des chevaliers d'industrie qui n'ont ni crédit, ni solvabilité.

La seconde raison nous paraît manquer de tout fondement. Si la victime du dol est en faute pour avoir été trop crédule, de même la victime de la violence est en faute pour avoir été trop faible. Sans doute on dira que, parfois, la violence atteint un tel degré qu'il faut pour y résister une énergie peu commune ; mais il est facile de répondre que parfois aussi la trame du dol est si bien ourdie qu'il faut pour le déjouer une sagacité peu commune.

19. Pour en finir avec la distinction qui vient d'être étudiée, nous formulerons de la façon suivante son intérêt pratique : la réparation du dol ne peut, en principe, être exigée que de son auteur (1) et non des personnes qui, tout en restant complètement étrangères au dol, ont acquis quelque droit par suite de l'acte vicié. Telle est la règle, nous aurons à examiner ses cas d'application ainsi que les exceptions qu'elle comporte.

D. — Du *dolus re ipsa*.

20. On a prétendu que les Romains reconnaissaient, à côté du dol personnel, l'existence d'un dol réel, dol résultant des choses elles-mêmes, *dolus re ipsa*, et s'ac-

____

(1) D. *De doli mali et metus exceptione*, l. 11, § 1.

complissant sans qu'on puisse reprocher à personne un manque de bonne foi. On fonde cette prétendue distinction sur un texte d'Ulpien que nous allons reproduire en entier : « *Si quis cum aliter eum convenisset* » *obligari, aliter per machinationem obligatus est; erit* » *quidem subtilitati juris obstrictus, sed doli excep-* » *tione uti potest ; quia enim per dolum obligatus est* » *competit ei exceptio. Idem et si nullus dolus intercessit* » *stipulantis, sed ipsa res in se dolum habet : cum enim* » *quis petat ex ea stipulatione, hoc ipse dolo facit, quod* » *petit* (1). »

Ipsa res in se dolum habet, tels sont les termes dont on a tiré l'expression : *dolus re ipsa*. Mais est-ce à dire qu Ulpien admet l'opinion qu'on lui prête? Nous le croyons d'autant moins que le même jurisconsulte, parlant ailleurs des cas où l'on peut employer l'exception de dol, dit formellement : *« Nec sufficit ostendere in re esse dolum* (2). »

Ulpien, croyons-nous, loin de méconnaître cette vérité juridique que le dol est toujours imputable à quelqu'un, a seulement voulu mettre en lumière une catégorie spéciale de dol (3) personnel. Le texte que nous avons cité prévoit en effet deux hypothèses. Dans la première, il y a eu des manœuvres pratiquées par l'une des parties afin de tromper l'autre, c'est le cas ordinaire. Dans la seconde, il n'y a pas eu de manœuvres, mais par suite d'une cause quelconque, erreur ac-

---

(1) D. *De verborum obligationibus*, l. 36.
(2) D. *De doli mali et metus exceptione*, l. 2, § 1.
(3) V. Bedarride, *Traité du dol*, n°s 46 à 49.

cidentelle (1), crainte imaginaire, le résultat est le même que tout à l'heure, une personne s'est obligée autrement qu'elle ne l'aurait voulu, il y a lésion et non pas dol. Si maintenant l'autre partie, connaissant la situation, veut néanmoins en profiter, si elle veut, au nom du droit civil, poursuivre un avantage contraire à l'équité, c'est alors que, d'après les principes déjà connus du droit romain, elle commet un dol ; aussi Ulpien après ces mots : *ipsa res in se dolum habet,* ajoute aussitôt : *Cum enim quis petat ex eâ stipulatione hoc ipse dolo facit quod petit.* On le voit, ce prétendu dol réel ne consiste pas en autre chose qu'à réclamer l'exécution d'une stipulation frustratoire, il est donc manifestement personnel et volontaire.

21. D'après ce qui vient d'être dit, la théorie du *dolus re ipsa* nous apparaît comme se confondant presque, en droit romain, avec celle de la lésion ; et on l'a ainsi compris dans les discussions préparatoires de notre Code civil (2). Il est d'ailleurs juste de remarquer qu'il rentrait bien dans le système des Romains de recourir aux actions et exceptions de dol pour exiger la réparation de la lésion, car il y aurait eu, dans l'exécution des actes qui en étaient entachés un effet injuste du droit civil.

Il ne faut cependant pas pousser trop loin l'assimilation des deux théories. D'une part on fait générale-

---

(1) Nous supposons qu'il ne s'agit pas d'une erreur essentielle qui serait par elle-même une cause de nullité.

(2) *Procès-verbaux du conseil d'Etat,* t. XIV, p. 64, Locré. V. *infrà,* n° 414.

ment rentrer dans celle du *dolus re ipsa* des hypothèses où la lésion ne joue aucun rôle, le dol consistant simplement à réclamer sciemment l'exécution d'actes déjà rescindables par suite d'une *condictio sine causa* (1) ou d'une exception *in factum* (2). D'autre part, il est hors de doute que les formules sur le dol ne furent jamais un moyen uniforme et certain d'atteindre, en toute circonstance, la lésion. On sait, par exemple, que, pendant la période classique, la vente faite à vil prix fut complètement inattaquable. Comme il arrivait fréquemment, le préteur, tout en adoucissant les conséquences trop rigoureuses du droit civil, n'avait pas osé suivre jusqu'au bout la voie où il était entré (3).

E. — Dol positif, dol négatif.

22. La définition que les Romains donnaient du dol est assez générale pour comprendre dans ses termes, *omnem calliditatem, fallaciam, machinationem,* toutes les façons de tromper. C'est pour ce motif que la distinction entre le dol positif et le dol négatif ne présente pas beaucoup d'intérêt, elle est presque dénuée d'importance pratique. De quelque manière qu'il ait été accompli, le dol entraînera toujours une réparation, s'il a, aux yeux du préteur, une gravité suffisante.

De plus, entre ces deux espèces de dol, il n'y a pas de différence bien caractéristique. Y a-t-il dol positif,

---

(1) D. *De doli mali et metus exceptione,* 1. 2, § 3.
(2) D. id., 1. 2, § 5.
(3) V. *suprà,* n° 10.

lorsque les manœuvres tendent à persuader de faits qui n'existent pas, et dol négatif lorsqu'elles tendent à cacher ceux qui existent? Ou bien doit-on dire que le dol négatif suppose l'absence de toute manœuvre active et consiste dans un silence adroitement gardé? Dans tous les cas, les textes (1) démontrent que si la mauvaise foi vient à atteindre un certain degré, le préteur n'est pas arrêté par ces distinctions de pure forme. En effet, le silence seule est coupable lorsqu'il porte sur certains faits que l'on doit, pour contracter loyalement (2), porter à la connaissance de l'autre partie ; il en est ainsi en particulier des vices rédhibitoires. Du reste, il y aura là une question d'appréciation, et c'est le cas de rappeler (3) que le droit positif ne peut être ici aussi sévère que la morale.

(1) D. *De contrahenda empt.*, l. 43, § 2; *De actionibus empti et vend.*, l. 11, § 5, etc.

(2) Plaçons ici une observation relative à un sujet traité plus haut. Le dol indirect. avons-nous dit, n'entraîne pas l'annulation des actes juridiques. Ceci suppose que les parties à l'acte ont ignoré les manœuvres pratiquées par des tiers ; car, si elles les avaient connues sans les dévoiler, il y aurait de leur part dol négatif et par là même direct.

(3) V. *suprà*, no 13.

CHAPITRE II

DES EFFETS GÉNÉRAUX DU DOL

ARTICLE 1er. — NOTIONS SUR LA THÉORIE DE L'INVALIDITÉ DES ACTES
JURIDIQUES ET DE SON APPLICATION AU DOL

§ I

SOMMAIRE

23. Utilité de la recherche des principes en matière d'invalidité.
24. Difficultés que l'on rencontre.
25. Invalidité complète ou *nullité*, ses cas d'application.
26. Invalidité incomplète ou *annulabilité*, ses cas d'application.
27. Comparaison entre la nullité et l'annulabilité.

23. Dès à présent, il résulte des développements
dans lesquels nous sommes entré que le dol, en règle générale, n'empêche pas la création des actes juridiques, mais que, parmi ses effets, le plus important
est, sans contredit, de porter atteinte à leur validité.

Nous devons, avant toute autre explication sur le
sujet qui fait l'objet de notre chapitre, mettre pleinement en lumière ce point capital   de l'existence juridique des actes entachés de dol, et nous demander
quelle est alors la nature de l'atteinte qui leur est portée. Dans ce but, nous croyons indispensable d'expo-

ser préalablement les principes généraux sur l'invalidité des actes juridiques. Ces principes, une foi connus, nous serviront de point de départ et domineront toute la matière des effets du dol.

24. La tâche que nous nous imposons n'est pas sans offrir de sérieuses difficultés. Cette théorie des nullités qui devra être ici formulée très brièvement, a presque toujours été mal comprise par les législateurs et peu approfondie par les jurisconsultes. Les obscurités et les contradictions y sont tellement nombreuses qu'il est permis de se demander s'il existe bien une doctrine reçue.

Ces considérations nous auraient certainement arrêté, si nous avions cru possible de traiter notre sujet avec une clarté suffisante, sans recourir à une exposition de principes qui restera fort imparfaite.

Nous n'avons pas d'ailleurs la prétention de faire une œuvre nouvelle. Pour une très grande part, nous avons puisé dans l'ouvrage de M. de Savigny (1). Tout en nous inspirant des idées de ce jurisconsulte, il nous a paru préférable de modifier sa méthode d'exposition et de laisser de côté bien des détails et des controverses qui nous eussent fait dépasser les limites d'une digression.

25. La validité des actes juridiques est atteinte,

---

(1) *Traité de droit romain*, t. IV, §§ 202 et 203. V. aussi Demolombe, *Traité du mariage*, t. I, n°s 237 et s.; *Traité des contrats*, t. I, n°s 40 à 43, 76 à 83; t. VI, n°s 24 à 28 ; Marcadé, t. I, n_o 647 ; Goudsmit, *Pandectes*, § 67. La théorie de ce dernier auteur diffère notablement de la nôtre.

suivant les cas, d'une façon complète ou incomplète (1).

Enumérons d'abord les cas de la première espèce.

a) Un acte manque des conditions essentielles exigées par la nature même des choses.

Par conditions essentielles, il faut entendre celles qui doivent être réalisées pour qu'il existe. Dans ce nombre, nous rangerons par exemple, pour tous les faits juridiques libres (2), la détermination de la volonté; plus spécialement, pour les contrats, le consentement des parties et un objet : « Voilà deux condi- » tions, dit à ce sujet M. Demolombe(3), sans lesquelles » aucun contrat ne saurait jamais se former, et dont » la nécessité est, en effet, toujours et partout la » même. »

Est donc dénuée de toute existence et *a fortiori* de toute validité, la prétendue convention conclue avec une personne que la folie ou l'ivresse aurait entièrement privée de sa raison ou bien dont l'intelligence aurait été abusée par une erreur destructive du consentement (4). Il en serait de même de la soi-disant convention portant sur un objet qui, au moment de l'accord des volontés, avait péri en totalité.

---

(1) Nous préférons l'expression invalidité *incomplète*, à l'expression invalidité *partielle* employée par M. de Savigny (Trad. Guenoux). La première convient mieux que la seconde pour désigner cette invalidité qui existe *en puissance* plutôt qu'*en acte*.

(2) V. *suprà*, n° 4.

(3) *Contrats*, t. I, n° 4?.

(4) V. *infrà*, n° 29.

b) Un acte manque des conditions essentielles exigées par le droit civil.

Il s'agit maintenant de conditions requises, non comme tout à l'heure, par la nature des choses, mais seulement par la loi. Bien qu'elles ne se rapportent qu'à la forme, elles sont cependant essentielles toutes les fois que leur réalisation est nécessaire pour que l'acte existe juridiquement. Mais il n'y a d'essentielles que celles qui ont ce caractère; aussi doit-on critiquer les termes de l'article 1108 de notre Code civil qui range à tort, la preuve en est dans les articles suivants (1), la capacité des parties parmi les conditions de cette sorte.

Le droit romain, avec son formalisme rigoureux, nous offre de nombreux exemples d'actes frappés d'une invalidité complète pour ne s'être pas accomplis de la façon voulue par la loi. Citons la stipulation intervenue autrement que sous la forme d'une question et d'une réponse, le testament fait sans la participation du nombre de témoins voulu, celui qui ne contiendrait pas d'institution d'héritier ou dans lequel un fils, *suus heres*, serait passé sous silence (2).

c) Lorsqu'un acte réunit les deux catégories de conditions essentielles qui viennent d'être indiquées, il peut encore, dans certaines hypothèses, être déclaré non avenu par une loi.

Si l'on s'en rapportait à une constitution de Théo-

---

(1) Art. 1125, 1304 et s., C. c.
(2) Inst. *De exheredatione liberorum*, pr.

dose et Valentinien (1), il faudrait dire que tel est, en droit romain, l'effet de toutes les lois prohibitives :

« *Ea quæ lege fieri prohibentur, si fuerint facta, non*
» *solum inutilia, sed pro infectis etiam habeantur ;*
» *licet legislator fieri prohibuerit tantum, nec specialiter*
» *dixerit inutile esse debere quod factum est.* »

En réalité, il s'en faut de beaucoup que toutes les lois prohibitives aient une sanction aussi grave. Le législateur qui, en dehors des conditions générales requises par lui, veut s'opposer à la création d'un acte juridique, peut, dans ce but, recourir à des moyens de diverses natures. Tantôt, conservant à l'acte son efficacité, il inflige une peine à son auteur ; tantôt, s'en prenant à ses effets, au lieu de les anéantir, il se contente d'en rendre la destruction possible par quelque voie de procédure, telles sont, par exemple, les dispositions de la loi Cincia, du sénatus-consulte Macédonien ; tantôt enfin, conformément à la constitution citée, il frappe d'une invalidité complète égale à l'inexistence l'acte fait en violation de sa défense. Les lois douées de ce plein et entier effet ont reçu le nom de *leges perfectæ* (2). Les actes frappés par elles sont les seuls à rentrer dans la dernière classe de notre nomenclature (3).

Une observation fort importante ressort des explications données à propos des trois cas qui viennent

(1) C. *De legibus*, 1. 5, pr.

(2) Ce nom est tiré par analogie d'un texte d'Ulpien, *De legibus et moribus*, §§ 1 et 2.

(3) Il importe de remarquer que les actes frappés de nullité par

d'être énumérés. Si les prétendus actes juridiques rentrant dans les catégories ci-dessus se trouvent dénués de toute validité, la véritable raison est qu'en réalité, ou ils n'existent pas, ou bien ils sont comme s'ils n'existaient pas.

Sans doute, il a été accompli certains faits qui constituent une sorte de simulacre de ces actes, mais il n'y a là qu'une vaine apparence, tout est *nul*.

Nullité, tel est le terme qui sert en général à désigner l'invalidité complète.

Puisque c'est l'existence même qui fait défaut aux actes nuls, il en résulte évidemment qu'ils ne peuvent produire absolument aucun effet. On peut même dire que tel est leur caractère essentiel. Toutefois, cette proposition a besoin d'être entendue d'une façon exacte, elle n'est vraie que dans la mesure où l'on voudrait mettre l'acte nul à la place de l'acte juridique dont il n'est, nous venons de le voir, qu'un vain simulacre.

Par ailleurs, les faits matériels qui constituent l'acte nul peuvent avoir des conséquences parfaitement réelles et régulières. notamment donner lieu à

les lois civiles ne le sont pas toujours dès leur origine. Cette nullité, comme dans les testaments du droit romain, est assez souvent attachée à la survenance de certains faits. Les actes de cette sorte ont donc eu un moment d'existence, et l'on serait presque tenté de les ranger dans la seconde catégorie, celle de l'invalidité incomplète. Il ne doit pas en être ainsi, car, jusqu'au jour de leur destruction, ces actes ont une exi-tence entière et parfaite, ils ne sont atteints d'aucune espèce d'invalidité ; et à partir du moment fixé par la loi leur invalidité devient immédiatement complète. C'est donc de cette dernière seule qu'il doit être question.

des restitutions ou des dommages-intérêts (1).

26. Si maintenant un acte réunit les conditions essentielles exigées tant par la nature des choses que par le droit civil et si de plus il n'est pas déclaré non avenu par une *lex perfecta*, alors cet acte existe et à ce titre il produit des effets, c'est-à-dire qu'il engendre des droits avec lesquels pratiquement on le confond. Mais, de ce qu'ils existent, il ne suit pas que cet acte et ces droits ne puissent être détruits en tout ou en partie. La destruction dont nous parlons est au contraire un fait assez fréquent : elle résulte, soit d'une disposition directe de la loi et alors il y a encore invalidité complète (2), soit d'une résolution voulue par les parties, soit enfin de la mise en exercice d'un droit d'action (3) concédé par les règles du droit. Dans ce dernier cas, on dit que l'acte est *attaquable* (4).

Lorsqu'il prononce la nullité d'un acte, le législateur en opère lui-même immédiatement la destruction; tandis que, s'il se contente de le rendre attaquable, il le laisse subsister, mais en créant *un droit de nature contraire* capable de le détruire ou tout au moins de le paralyser. Généralement il a recours à ce dernier procédé, soit pour réprimer certaines imperfections

---

(1) Ou encore valoir comme actes juridiques, d'un degré inférieur : ainsi la stipulation nulle pour défaut de formes peut très bien valoir comme pacte.

(2) V. *suprà* n° 25, p. 41, note 3.

(3) Le mot action est pris dans un sens large, il doit s'entendre de toute voie de procédure, action, exception, restitution en entier.

(4) De Savigny, t. IV, p. 550.

d'un ordre plus secondaire, soit pour laisser à la personne lésée par un acte la faculté de choisir entre son maintien et son anéantissement. En droit romain, le préteur n'a pas d'autre mode d'agir; chargé en principe d'appliquer et non de faire la loi, il ne prononce jamais de nullités, il reconnaît l'existence de tous les actes conformes au *jus civile*, mais, usant pour un instant de la plus haute attribution de ses fonctions judiciaires, il permet de les attaquer au moyen des voies de procédure dont il dispose : *adjuvandi vel supplendi, vel corrigendi juris civilis gratia* (1).

Pour désigner les actes frappés d'invalidité incomplète, au lieu de nous servir du mot *annulable*, nous avons employé le mot *attaquable*. Le premier a, en effet, une signification moins large que le second. Un acte est attaquable par cela seul que ses effets sont exposés à une destruction ; pour qu'il soit annulable, il faut en outre qu'il puisse être lui-même anéanti. Strictement, il n'y a d'annulable que ce qui peut aboutir à une nullité ; aussi a-t-on distingué des nullités par voie d'action (2) que l'on oppose aux nullités *ipso jure*, ou nullités d'inexistence précédemment étudiées par nous.

Du reste, la distinction entre l'acte attaquable et l'acte annulable est surtout spéculative. Pratiquement, l'acte juridique se confond avec ses effets, les détruire, c'est le détruire lui-même ; comme résultat final il y a bien peu de différence. Aussi la plupart du temps

(1) D. *De justitia et jure*, l. 7, § 1.
(2) En employant ce mot dans le sens large indiqué tout à l'heure.

peut-on sans danger employer un terme pour l'autre.
C'est encore pour cette raison que l'on est autorisé à
réunir indistinctement tous les cas d'invalidité incomplète sous la dénomination d'*annulabilité* ou même de
nullité par voie d'action.

27. D'après ce qui vient d'être dit, il est déjà facile
de voir que, sur ce point, comme sur bien d'autres, la
langue du droit manque de précision. Et même, suivant M. Demolombe (1) : « C'est surtout en ce qui con-
» cerne les nullités que la terminologie est remplie de
» confusion et d'équivoques. »

L'inexactitude des mots indique évidemment un
défaut de clarté dans les idées. Comme l'obscurité porte
principalement sur la distinction capitale entre l'acte
nul ou inexistant et l'acte existant mais annulable, nous
allons indiquer les principales différences qui les sé-
parent. Toutes découlent de ce fait que, parmi ces
actes, les uns sont doués d'existence tandis que les
autres en sont juridiquement privés

a) L'acte nul est tel, sans que la justice ait à intervenir. Une action qui tendrait à annuler le néant ne se
comprend pas.

Des commentateurs du droit romain avaient imaginé
une *querela nullitatis* qu'ils accordaient à toute personne lésée par un acte nul. M. de Savigny (2) a ré-
futé cette opinion et rétabli les vrais principes en
affirmant, une fois de plus, qu'il était : « superflu et

(1) *Traité du mariage,* t. I, n₀ 240.
(2) *Traité de droit romain,* t. IV, p. 552.

» même impossible de diriger une action contre un
» acte nul, c'est-à-dire qui n'existe pas. »

Sans doute, si la nullité est contestée, les magistrats
auront à trancher la difficulté, mais ils se borneront à
reconnaître un fait qui s'impose à eux ; ils ont pour
mission de constater la nullité et non de la prononcer.

L'acte annulable au contraire suppose nécessairement l'existence d'un moyen de procédure tendant à le
détruire ou tout au moins à le paralyser. Sa vie juridique est entière, tant qu'on n'a pas mis en œuvre, au
moyen d'une action, le droit de nature contraire accordé par la loi.

b) Non seulement il est inutile de diriger une action
contre les actes nuls ; mais encore la volonté de
l'homme est à leur égard complètement sans effet, elle
ne peut leur reconnaître et elle n'a pas à leur enlever
une vie dont ils sont privés. La nullité a lieu *ipso jure*,
elle existe quand bien même on ne l'invoque pas et
inversement toute personne intéressée peut s'en prévaloir, aussi dit-on qu'elle est *absolue*.

Pour l'acte annulable, la situation est bien différente.

D'abord, il dépend toujours de la volonté de l'homme
d'exercer ou de ne pas exercer l'action en annulation.
En ce sens, les nullités par voie d'action sont toujours
relatives.

De plus, la loi peut très bien, dans certains cas,
limiter le nombre des personnes auxquelles, ou bien
contre lesquelles, elle accorde la faculté d'attaquer des
actes seulement imparfaits. On distinguera donc deux
sortes d'annulabilités, l'une *absolue* dont il est permis

à tout intéressé d'user contre tous ceux qui ont été parties à l'acte ou leurs ayants cause, l'autre relative, c'est-à-dire limitée, soit activement, soit passivement.

Fréquemment on désigne ces deux sortes d'annulabilités sous le nom de nullités absolues et nullités relatives ou respectives. Il faut alors se mettre en garde contre une confusion trop facile à faire d'après ce qui a été dit quelques lignes plus haut, et qui consisterait à prendre cette sous-distinction pour la distinction principale en nullités *ipso jure* et nullités par voie d'action ou annulabilités.

c) Nous avons vu que, lors de la naissance de l'acte annulable, il y avait, en même temps, création d'un droit de nature contraire constituant pour lui un principe de destruction. Or, comme le fait remarquer M. de Savigny (1) : « Ce droit existant par soi-même a
» sa destinée particulière qui n'est point immuable ;
» il peut être détruit en totalité ou en partie, et alors
» le droit originaire, débarrassé de cet obstacle, re-
» trouve son efficacité primitive ; ce qui n'arrive jamais
» dans les cas de nullité. »

Ainsi, l'acte annulable peut recouvrer son entière validité et cesser d'être exposé à l'action qui menaçait son existence. Ce sera l'effet soit d'une ratification, soit de l'écoulement d'un certain laps de temps.

L'acte nul au contraire ne saurait jamais devenir valable (2). Ni ratification, ni prescription ne peuvent

---

(1) *Traité de droit romain*, t. IV, p. 550.

(2) Du moins en tant que continuant à être le même acte. Mais il peut très bien se faire que des conditions qui manquaient à l'ori-

donner la vie au néant : « *Quod initio vitiosum est, non potest tractu temporis convalescere* » (1), disait la loi romaine, et la règle Catonienne n'était qu'une application exagérée de cette maxime.

§ II

SOMMAIRE

28. En quoi consiste l'invalidité des actes entachés de dol. Ils ne sont pas nuls.
29. Exceptions qui tiennent à la nature de l'erreur produite par le dol. *Error in corpore, error in natura contractus*; comment seront-elles le résultat du dol ?
30. Suite. *Error in persona, error in substantia*.
31. Règle générale, inefficacité de l'erreur.

28. Nous devons maintenant chercher à appliquer à notre sujet la théorie qui vient d'être développée.

L'acte entaché de dol sera-t-il nul ou annulable ?

Pour répondre à cette question, rappelons en quoi consiste le dol.

Les manœuvres qui le constituent ont pour effet direct de produire une erreur dans l'intelligence d'autrui, et cette erreur, à son tour, agit sur la détermination de la volonté. Mais, si la volonté est influencée, elle n'est pas détruite. Nous avons tout particulièrement insisté sur ce point (2).

gine venant à se réaliser et à se joindre à celles qui constituaient l'acte nul, un nouvel acte, un acte valable prenne naissance. De plus rien ne s'oppose à ce que la loi donne à ce nouvel acte parfaitement doué d'existence un effet rétroactif. Ainsi se trouvent expliquées bon nombre de prétendues exceptions à notre règle.

(1) D. *De regulis juris*, l. 29.
(2) N°s 2 et 3 *supra*.

Il s'ensuit évidemment que les actes où la participation de la volonté est exigée comme condition essentielle, malgré le dol, ne sont pas nuls pour défaut de cette condition.

D'un autre côté, la loi romaine, bien loin de faire de l'absence de dol une condition essentielle à la validité des faits juridiques volontaires, proclame la force obligatoire des promesses arrachées par dol : « *Si* » *dolo inductus... promisisti..., palam est jure civili te* » *obligatum esse* (1). »

Donc, l'acte entaché de dol, en principe, n'est pas frappé de *nullité*, il existe, et, à ce titre, il produit des effets.

Mais alors, au nom de l'équité blessée, le préteur intervient. Si le dol a une gravité suffisante, il accorde contre son auteur une série de recours qui permettront d'obtenir réparation. De la sorte, le dol devient pour celui qui en a souffert la source d'un droit, *droit de nature contraire à l'acte intervenu* et qui sous certaines conditions (2) le rend *attaquable*. Cette *annulabilité* d'origine prétorienne complète (3) et corrige à la fois le droit civil ; elle se traduit pratiquement par des moyens d'attaque, action et restitution, et surtout par un excellent moyen de défense, l'exception. Ce dernier moyen est le plus simple et le plus fréquemment em-

(1) Inst. *De exceptionibus*, § 1.
(2) V. *suprà*, n°s 17, 18 et 19.
(3) Assez fréquemment l'annulabilité provient du droit civil lui-même ; nous verrons en effet dans la suite (n°s 32 et s.) que l'on peut attaquer certains actes entachés de dol, au moyen d'actions *bonæ fidei*, ou même de *condictiones*.

ployé ; c'est lui que Justinien, dans le texte que nous citions tout à l'heure, indique comme remède aux rigueurs du droit civil. En effet, après avoir constaté que la promesse arrachée par dol oblige *jure civili* et par conséquent engendre une action, les Institutes ajoutent : « *Sed iniquum est te condemnari. Ideoque da-* » *tur tibi exceptio doli mali , aut in factum composita,* » *ad impugnandam actionem.* »

29. Nous avons admis comme principe général que les actes entachés de dol n'étaient pas frappés de nullité. Ce principe n'est pas toutefois sans comporter certaines exceptions.

Ces dernières tiennent à ce fait déjà mis en lumière que le dol agit en produisant l'erreur. Or, l'erreur, dans les cas où elle est dite *essentielle*, produit une nullité *ipso jure*; tel pourra donc être indirectement l'effet du dol.

Les exemples les plus remarquables que nous puissions citer à cet égard se présentent à propos des contrats.

Dans ces actes juridiques de la plus haute importance, le rôle de la volonté se manifeste sous la forme d'un consentement, c'est-à-dire d'une adhésion donnée à ce qui est proposé et également voulu par une autre personne. Pour se former, le contrat exige le concours de deux ou plusieurs volontés qui doivent se mettre d'accord sur ce qui fait son objet : « *Duorum* « *pluriumve in idem placitum consensus* (1). » Le lien

____

(1) D. *De pactis*, 1. 1, § 2.

ne se trouve noué qu'après que les volontés se sont rencontrées.

Or celles-ci ne se rencontrent pas, et par là même il n'y a pas de consentement, si les parties à un prétendu contrat veulent des choses complètement différentes. Ce qui se produira, si l'on suppose qu'agissant sous l'influence d'erreurs causées peut-être par le dol, elles se méprennent sur leurs déclarations respectives et s'imaginent faussement être d'accord sur les parties essentielles du contrat.

Deux cas peuvent se présenter où l'erreur aura l'effet radical dont nous parlons. Elle anéantit le con_sentement lorsqu'elle porte soit sur la nature, soit sur l'objet du contrat. Si j'entends faire une vente et vous recevoir par donation, ou bien encore si j'entends vendre la maison A et vous acheter la maison B, il est évident que nos volontés ne se rencontrent pas. Ces deux erreurs essentielles sont appelées la première *error* ou *dissensus in natura contractus*, la seconde *error* ou *dissensus in corpore*.

Elles ont pour conséquence d'amener *ipso jure* la nullité des contrats, parce qu'en détruisant le consentement elles leur enlèvent une condition d'existence requise par la nature même des choses. Ce point est formellement reconnu par les textes du droit romain (1).

Toutefois, pour que l'erreur portant sur la nature ou sur l'objet d'un contrat puisse détruire le consen-

---

(1) Inst. *De inutilibus stipulat.*, § 23 ; — D. *De verborum obligat.*, l. 83, § 1 et l. 137, § 1 ; *De obligat. et action.*, l. 57 ; *De contr. empt.*, l. 9, pr. et § 2 ; — C. *De donat*, l. 10.

tement, il faut, croyons-nous, supposer qu'elle est bilatérale, c'est-à-dire partagée (1) par les deux parties. Si elle est seulement unilatérale, celle des parties qui, voyant l'erreur de l'autre, a cependant contracté, ne peut raisonnablement soutenir ensuite qu'elle a voulu une chose différente de ce qu'elle connaissait pertinemment pour la volonté de l'autre contractant (2).

Nous faisons cette remarque parce qu'elle a une grande importance dans la théorie du dol. Celui-ci est le plus souvent l'œuvre de l'une des parties et par conséquent ne peut amener qu'une erreur unilatérale. Il ne sera donc question de nullité *ipso jure* causée, de cette façon, par le dol, que si les manœuvres ont

(1) En ce sens que chacune des parties s'imaginant à tort avoir été comprise par l'autre, a cru être d'accord avec elle. Mais le résultat serait bien différent si l'erreur avait été partagée, en ce sens que les deux parties, victimes d'une même illusion, eussent également pris, par exemple, le fonds Sempronien pour le fonds Cornélien ; cette erreur toute superficielle n'eût pas empêché les intelligences de se comprendre ni les volontés de se rencontrer, le contrat eût été formé.

(2) Pour bien préciser, si l'on suppose que Primus, en marché avec Secundus au sujet de la vente de l'esclave Stichus, s'aperçoit, au cours des pourparlers, que Secundus, par suite d'une erreur de nom, croit qu'il s'agit de l'esclave Pamphile, et si, en parfaite connaissance de cause à cet égard, Primus passe le contrat ; sans doute, la vente sera nulle en ce qui concerne l'esclave Stichus, mais nous croyons qu'elle sera parfaitement valable relativement à l'esclave Pamphile. L'erreur de nom commise par Secundus n'a pas empêché les parties de s'entendre sur l'objet du contrat ; dès lors elle est sans influence et, comme dans tout contrat régulier, Primus ne peut être considéré comme ayant mentalement refusé de s'obliger par son engagement : « *Nihil enim facit error nominis, enm de corpore constat.* » (D. *De contr. empt.*, l. 9, § 1.)

été accomplies par un tiers (1). Dans ce dernier cas seulement (2), les deux parties abusées par le dol indirect ont très bien pu ne pas s'apercevoir du désaccord de leurs volontés.

30. Les deux erreurs qui viennent d'être étudiées sont les seules qui puissent empêcher les volontés de se rencontrer et par la même le consentement de se former. Il semble donc qu'elles soient aussi les seules à amener la nullité *ipso jure* des contrats.

Il en fut sans doute ainsi à l'origine en droit romain. Mais, afin de remédier à la rigueur du droit civil qui n'admettait pas que le *vinculum juris* une fois formé pût être brisé pour cause d'erreur, les Prudents, dont

______

(1) Le cas se présentera rarement, mais il n'a rien d'impossible. Si, dans l'hypothèse d'une vente nulle pour *dissensus in corpore*, Primus a cru acheter l'esclave Pamphile et Secundus vendre l'esclave Stichus, il doit évidemment y avoir une cause à cette double erreur. Or cette cause peut très bien être le dol de Tertius. Ce dernier, pensant que le contrat ainsi formé serait valable relativement à l'esclave dont le nom aurait figuré dans l'acte, ou du moins qu'il serait inattaquable par suite des difficultés de preuve, a pu croire à l'utilité de ses manœuvres. De plus il pouvait avoir un intérêt dans l'affaire, si, par exemple, il était l'héritier de Primus ou de Secundus.

(2) Toutefois, il importe de se rendre exactement compte de ce qui se passera si l'une des parties a, par son dol, causé chez l'autre une erreur de nom. Primus, par exemple, veut acheter l'esclave Stichus, Secundus y consent, mais en croyant, par suite des manœuvres de Primus qu'il s'agit de l'esclave Pamphile. Si Secundus peut prouver le dol dont il a été victime, il ne sera pas obligé de livrer Stichus, car en ce qui concerne cet esclave la vente n'existe pas ; mais, relativement à Pamphile véritable objet de la vente, il pourra exercer l'action *venditi* ou bien être poursuivi par l'action *empti*. En un mot un tel contrat est valable, mais seulement par apport à son véritable objet (V. note 2 p. 52).

les décisions avaient à l'occasion force de loi, frap-
pèrent d'une nullité *ipso jure* artificielle (1) certains
contrats entachés d'erreur. Toutefois, au lieu d'aller
droit à leur but, ils procédèrent par voie d'assimila_
tion; ils admirent que l'erreur même non essentielle
devenait destructive du consentement dès qu'elle atteignait certaines proportions. Tel fut le cas de l'erreur *in personâ* (2), si peu d'accord que l'on soit
sur l'étendue de son domaine, et aussi de l'erreur
in substantiâ (3), du moins dans les contrats de vente
et de louage. Par conséquent le dol qui aurait causé
l'une ou l'autre de ces deux erreurs entraînerait indirectement l'anéantissement immédiat du contrat.

31. En dehors de ces quelques hypothèses, où les
effets du dol proviennent de l'erreur qu'il engendre,
le plus souvent, c'est le résultat inverse qui se produit.
Le principe général est en effet que « l'erreur en
» soi n'a aucune influence sur les actes juridiques, et
» ne donne lieu à aucune réparation du préjudice
» qu'elle entraîne (4). » Exceptionnellement, si l'erreur est causée par le dol elle peut donner lieu à
une réparation et rendre les actes juridiques atta-
quables.

(1) V. *suprà*, n° 25, b.
(2) D. *De reb. cred.*, 1. 32; *De donat.*, 1. 25; *De furtis*, 1. 52, § 21;
1. 66, § 4.
(3) D. *De contr. empt.*, 1. 9, § 2; 1. 14; 1. 11, § 1.
(4) De Savigny, *Traité de droit romain*, t. III, app. viii, n° VI.

ARTICLE II. — Des divers moyens d'atteindre le dol en droit romain.

SOMMAIRE.

32. Formation successive des recours ouverts par le dol.
33. Recours antérieurs à Aquillius Gallus au témoignage de Cicéron.
34. Actions *bonæ fidei*.
35. *Judicium publicum* de la loi *Plætoria*. — *Restitutio in integrum*.
36. *Clausula doli* volontaire et forcée.
37. *Condictiones sine causa, indebiti*, etc.
38. Action et exception de dol. — Institutions prétoriennes.
39. Ordre qui sera suivi dans une étude plus détaillée.

32. C'est maintenant un point acquis pour nous, que le dol, en principe, ne produit pas de nullités *ipso jure*, mais au contraire, laisse subsister les actes juridiques. Il y a donc là, en quelque sorte, un préjudice légalement consacré à son origine ; et pour le réparer, le législateur devra, nous l'avons dit, revenir sur son œuvre. Telle est la raison première et fondamentale de toutes les difficultés que présente cette matière.

Nous devons rechercher comment le droit romain les a surmontées, et, dans ce but, indiquer les moyens fournis par lui pour atteindre le dol.

Dans le dernier état du droit, ces moyens étaient assez nombreux : les uns tirés du droit civil, les autres, et c'est le cas le plus fréquent, du droit prétorien. Mais tous, il s'en faut de beaucoup, n'avaient pas été créés en même temps. Sous ce rapport, la préture d'Aquillius

Gallus, l'auteur des formules sur le dol, marque une date extrêmement importante.

33. Les innovations d'Aquillius eurent pour effet d'assurer, à titre de mesure générale, la réparation du dol. Ce qui n'était qu'une exception devint désormais la règle. Mais ce serait une erreur de croire que la législation romaine n'avait jusque-là offert aucun recours efficace. Cicéron, tout en insistant sur la grande utilité des formules trouvées par son collègue, ne manque pas de rappeler quels étaient les moyens déjà existants d'arriver au même but : « *Atque iste* » *dolus malus etiam legibus erat vindicatus; ut tutela* » *XII Tabulis, et circumscriptio adolescentium lege* » *Lætoria; et sine lege, judiciis, in quibus additur,* » *ex fide bona. Reliquorum autem judiciorum hæc verba* » *maxime excellunt; in arbitrio rei uxoriæ, melius,* » *æquius; in fiducia, interbonos bene agier* (1).» Ailleurs encore, avant de parler de ce *judicium de dolo malo, everriculum malitiarum omnium,* il procède à une énumération du même genre : « *Inde tot judicia* » *de fide mala, tutelæ, mandati, pro socio, fiduciæ;* » *reliqua quæ ex empto, aut vendito, aut conducto, aut* » *locato contra fidem fiunt : inde judicium publicum rei* » *privatæ lege Lætoria* (2). »

34. Dans ces deux citations, Cicéron met en première ligne toute la série des actions civiles personnelles où il était permis au juge d'apprécier la bonne ou la mauvaise foi des parties. Leurs formules contenant

(1) *De officiis,* III, xv.
(2) *De natura deorum,* III, xxx.

les mots : *ex fidæ bona*, ou bien *melius æquius*, ou encore *ut inter bonos bene agier*, indiquaient clairement que la décision devait être rendue d'après les principes de l'équité. C'est ce qui explique pourquoi le dol y était tellement pris en considération, que, si un acte juridique s'en trouvait entaché, non seulement on ne pouvait utilement les employer pour le mettre à exécution, mais encore il était possible de les retourner contre l'acte même dont elles étaient issues, afin d'obtenir le rétablissement de l'état primitif (1).

Ces actions appartenaient au droit civil, mais au droit civil tempéré par l'équité. Elles n'échappaient aux dispositions rigoureuses de la loi romaine qu'en sortant du *strictum jus*.

Jusqu'à la création des remèdes prétoriens, elles constituèrent certainement, vis-à-vis du dol, le mode de répression le plus important et le plus efficace.

35. Cicéron fait également rentrer dans son énumération la protection spéciale accordée aux mineurs de 25 ans par la loi *Lætoria* ou *Plætoria*. Cette loi avait organisé une poursuite infamante, *judicium publicum rei privatæ*, contre les personnes qui abuseraient de l'inexpérience des mineurs pour les tromper. En outre, il est probable qu'elle permettait à ces derniers d'échapper aux résultats juridiques des manœuvres dont ils étaient victimes, par une exception et peut-être aussi par une action.

Dans tous les cas, le préteur ne tarda pas à accor-

____

(1) V. *infrà*, n° 52 et s.

der aux mineurs de 25 ans le secours extraordinaire de l'*in integrum restitutio*. Celle-ci fondée, sur le seul fait de la lésion, donnait évidemment la faculté de réparer tout le préjudice résultant du dol. Cicéron ne parle pas de ce bénéfice d'un intérêt cependant encore plus grand que le *judicium publicum* de la loi *Plœtoria*. Il est à croire en effet qu'il ne figura dans l'édit qu'après l'époque où, l'exception et l'action infamante de dol ayant été admises d'une manière générale, les mineurs furent rentrés dans le droit commun.

A côté de l'*in integrum restitutio* des mineurs, les textes en placent une autre qui touche encore davantage à notre sujet puisqu'elle est directement fondée sur le dol. Nous aurons à examiner les controverses qui se sont élevées relativement à sa nature et à son champ d'application.

36. En présence du formalisme rigoureux qui présidait à l'exécution des actes soumis aux règles du droit strict, l'initiative privée dut imaginer d'assez bonne heure un moyen très simple de s'y soustraire. Il consistait dans une promesse formelle et légalement faite d'agir loyalement et sans tromperie : « *dolum abesse abfuturumque* (1). »

Cet engagement portait le nom de *doli clausula*, il avait pour effet de communiquer aux *condictiones* le caractère principal des actions *bonæ fidei* en permettant au juge qui en était saisi d'apprécier le dol et de le réprimer.

(1) D. *De verborum obligat.*, l. 38, § 13; l. 121, pr.

Primitivement, les promesses de ce genre étaient, par leur nature même, entièrement libres. Mais le préteur, trouvant là un procédé facile pour faire pénétrer l'équité dans le droit civil, les rendit, dans certains cas, obligatoires. Les stipulations forcées, contenant fréquemment la *doli clausula* insérée dans leurs termes, devinrent l'un des modes de répression du dol, en donnant à ce mot la signification la plus étendue qu'il comporte en droit romain.

37. Malgré sa rudesse, le droit primitif de Rome n'était pas resté entièrement étranger à toute considération tirée de l'équité, *ex bono et æquo*. Une série de *condictiones*, c'est-à-dire d'actions appartenant par excellence au droit strict, n'avaient pas d'autre fondement (1). Je veux parler des *condictiones sine causa, indebiti, ex injusta causa*.

Dans leur sphère d'application, ces actions basées sur la seule existence d'un préjudice pouvaient évidemment servir d'arme contre le dol qui en aurait été la cause. Le paiement, par exemple, s'il était déterminé par l'erreur, et en particulier si cette erreur provenait de tromperies, donnait lieu à la *condictio indebiti* et même à la *condictio furtiva*.

Nous aurons aussi à nous demander, plus tard, si, après la création de l'exception perpétuelle de dol, le domaine de la *condictio indebiti* ne se trouva pas, en conséquence, tellement accru, que, dans un très grand

______

(1) D. *De condictione indebiti*, 1. 65, § 4; 1. 66.

nombre de cas, l'action de dol nouvellement établie
fût sans utilité.

38. Pour achever cette liste des principaux moyens
d'atteindre le dol, il ne reste plus qu'à citer les deux
innovations d'Aquillius Gallus, action et exception.

Nous ajouterons cependant que si l'on suivait la
tendance déjà indiquée (1) des jurisconsultes romains
à ranger sous la dénomination de dol toutes les manœuvres au moyen desquelles on peut tourner le droit
civil contre l'équité, il faudrait dire de chacune des
institutions prétoriennes, action, exception, restitution,
interdit, qu'elle a pour but de réprimer le dol.

39. Cette rapide énumération appelle nécessairement des explications plus complètes. Nous nous proposons de les donner dans une suite de chapitres de
longueurs inégales consacrés à l'étude de chacun des
moyens dont la liste est maintenant dressée.

Au préalable, il est utile de faire connaître l'ordre
qui sera suivi dans ces développements. Notre base, à
cet égard, sera la dérogation plus ou moins grande
apportée par la répression du dol à la marche ordinaire
du droit, ou, si l'on veut, le degré de simplicité juridique des institutions que nous aurons à examiner.
Ainsi, nous commencerons par ces actions qui, accessoirement à leur objet principal, mais sans subir
aucune modification, permettent d'atteindre le dol ;
nous verrons ensuite comment les parties pouvaient,
par un engagement exprès, combler les lacunes d'une

<hr>

(1) V. *suprà*, n° 9.

législation imparfaite ; puis viendront les remèdes civils et prétoriens, d'abord par voie d'exception, enfin par voie d'action.

Voici, du reste, dans l'ordre où ils seront traités, les sujets des six chapitres que nous consacrerons à la matière :

1. Actions libres et spécialement actions *bonæ fidei* envisagées au point de vue de la répression du dol.

2. *Clausula doli* volontaire et forcée.

3. Exception de dol et exception *in factum* qui la remplace.

4. *Condictiones* en tant qu'elles peuvent constituer une arme contre le dol.

5. Action de dol et action *in factum* qui la remplace.

6. *Restitutio in integrum* pour cause de dol.

Au moment d'aborder l'étude détaillée de ces diverses institutions; il importe d'observer que toutes étaient dirigées contre le dol, dans le sens large du mot. Elles étaient appelées à produire leur effet, non seulement lorsque, par suite de manœuvres coupables, l'acte volontaire nécessaire à la formation des faits juridiques libres, sans être détruit, subissait une altération ; mais encore dans tous les cas où la mauvaise foi cherchait à s'abriter derrière la légalité.

CHAPITRE III

DES ACTIONS LIBRES ET SPÉCIALEMENT DES ACTIONS *bonæ fidei* ENVISAGÉES AU POINT DE VUE DE LA RÉPRESSION DU DOL.

ARTICLE J^{er}. — DES ACTIONS COMPORTANT D'ELLES-MÊMES, POUR LE JUGE QUI EN EST SAISI, POUVOIR D'APPRÉCIER ET DE RÉPRIMER LE DOL.

SOMMAIRE.

40. Actions rigoureuses, actions libres, *judicia, arbitria.*
41. Actions *bonæ fidei.* Renvoi.
42. Actions réelles. Comment elles constituent des actions libres. En quoi [elles diffèrent des *bonæ fidei actiones.* Du dol dans la revendication.
43. *Honorariæ actiones.*

40. M. de Savigny (1) a divisé toutes les actions de la procédure romaine en deux grandes catégories : les actions rigoureuses et les actions libres. Les premières sont portées devant un *judex* qui doit suivre la rigueur et la lettre du droit ; les secondes, devant un *arbiter* qui peut user de ménagements et consulter l'équité.

Ce sont les deux sortes d'actions que Cicéron distingue sous le nom de *judicia* et *arbitria* : « *Aliud est* » *judicium, aliud arbitrium... Quid est in judicio? direc-*

(1) *Traité de droit romain,* t. V, § 218, p. 110 et p.615.

» *tum, asperum… simplex. Quid est in arbitrio ? mite,*
» *moderatum* » (1).

D'après M. de Savigny, cette distinction est absolument générale. Dans la première classe se rangent les actions *stricti juris* et celles résultant des délits ; dans la seconde, les actions *bonæ fidei*, toutes les actions *in rem* et toutes les actions honoraires.

Puisque la procédure, dans les actions libres, a pour caractère d'être *mite, moderatum*, et de plus qu'elle doit aboutir à une sentence rendue : *quantum æquius et melius* (2), en un mot, selon les règles de l'équité ; il semble que le juge doit s'y trouver armé des pouvoirs nécessaires pour apprécier et réprimer le dol.

C'est là une question que nous allons examiner pour chacune des trois espèces d'actions libres : *bonæ fidei, in rem* et honoraires.

41. En premier lieu viennent les actions *bonæ fidei*, c'est-à-dire les actions civiles, personnelles, qui résultent des contrats ou quasi-contrats et ne sont pas des *condictiones*. Elles constituent les actions libres par excellence.

Nous réservant de revenir bientôt et d'une façon approfondie sur ce sujet, il suffira pour le moment de dire ou plutôt de rappeler que le juge y disposait des pouvoirs les plus étendus relativement à la répression du dol (3). On en jugera par ce fait que, dans les actions de cette nature, l'exception de dol

(1) Cicéron, *pro Roscio comœdo*, c. 4.
(2) Cicéron, *id.*
(3) V. *suprà*, no 34, et *infrà*, nos 44 et s.

était considérée comme sous-entendue : « *Hoc judicium fidei bonæ… continet in se doli mali exceptionem* (1) » et, avec l'exception *doli mali*, toutes les autres exceptions, car : « *Dolo facit quicumque id quod quaqua exceptione elidi potest, petit* (2). »

42. Les actions *in rem* sont également rangées, par M. de Savigny, au nombre des actions libres ou *arbitria*. Elles étaient traitées, prétend le savant auteur, comme les *bonæ fidei actiones* (3).

Ce point mérite explication. D'une part, les actions *in rem* pouvaient s'exercer de trois façons différentes : *per sacramentum, per sponsionem, per formulam petitoriam* ; or, dans le premier cas, on ignore complètement si la procédure était rigoureuse ou libre, et dans le second, on sait très bien qu'elle était rigoureuse. D'autre part, s'il est vrai que l'action *in rem* intentée *per formulam petitoriam* offre certaines analogies avec l'action *bonæ fidei*, ce serait cependant aller trop loin que d'établir entre elles, particulièrement au point de vue de la répression du dol, une assimilation complète.

En effet, la raison pour laquelle, sous cette dernière forme l'action *in rem* devient, dans une certaine mesure, *bonæ fidei* ; c'est, croyons-nous, que l'emploi de la *formula petitoria* la rend arbitraire. Et l'on sait que

(1) D. *De legatis*, 1, 1. 84, § 5; *Sol. matr.*, l. 21 ; *De rescind. ven l.*, l. 3.

(2) D. *De doli m. et m. except.*, l. 2, § 5.

(3) T. V., app. xiii, p. 493.

les actions arbitraires (1), grâce à la clause : *nisi restituat*, comportent, pour le juge, pouvoir de déterminer, en équité, le montant des satisfactions à fournir par le défendeur qui veut être absous : « *In his* » *enim actionibus et similibus permittitur judici ex bono* » *et æquo, secundum cujusque rei de qua actum est natu* » *turam, æstimare, quemadmodum actori satisfieri opor* » *teat* (2). »

Appelé, d'après ce texte, à fixer son *arbitrium, ex bono et æquo*, le juge peut évidemment et doit même y tenir compte du dol. Mais rien n'autorise à penser qu'il jouisse d'une semblable faculté à l'égard des autres parties de l'action. La formule ne lui donne pas, comme pour les actions *bonæ fidei*, mission générale de réprimer le dol ; et, tout particulièrement, l'exception *doli* n'y est pas sous-entendue.

Les preuves ne manquent pas à l'appui de nos assertions. Et d'abord, les textes démontrent, d'une façon péremptoire, que l'exception de dol ainsi que bon nombre d'autres, devaient être explicitement insérées dans la formule des actions arbitraires. Il en est ainsi non seulement pour l'action personnelle *ad exhibendum* (3), mais encore, pour la plus importante des actions *in rem*, la revendication (4). Dans ce dernier cas,

(1) Toutes les actions arbitraires sont des actions libres, mais il n'y a pas lieu d'en faire une catégorie spéciale, parce que toutes aussi rentrent dans les trois classes d'actions libres déjà déterminées : *bonæ fidei, in rem*, honoraires.

(2) *Inst. De actionibus*, § 31.

(3) D. *Ad exhibend.*, l. 3, § 13.

(4) D. *De evictionibus*, l. 17 ; *De rei vindicat.*, l. 48 ; C. *De rei vindicat.*, l. 14.

on ne s'expliquerait pas, sans cela, de quel usage eût été la célèbre exception *rei venditœ et traditœ* (1).

Ce qui indique bien encore qu'il existait de sérieuses différences entre les actions *bonœ fidei* et les actions *in rem*, c'est que l'une d'entre ces dernières, l'*hereditatis petitio* est, à titre d'exception, assimilée par la loi romaine (2) aux *bonœ fidei actiones*; or; *qui dicit de uno negat de altero*. Comme conséquence logique, il convient d'observer que l'exception *doli* se trouvait sous-entendue dans l'*heriditatis petitio* (3).

Enfin, nous tirerons un dernier argument du silence gardé par Cicéron sur les actions *in rem* dans les diverses énumérations (4) qu'il fait des moyens employés de son temps pour atteindre le dol. Et cependant, un passage (5 du même auteur, nous montre que, déjà, la *formula petitoria* était usitée dans la revendication.

Il est maintenant démontré, qu'au point de vue de la répression du dol, on ne peut, sans inexactitude, placer les actions *in rem* sur la même ligne que les *bonœ fidei actiones*. Outre les différences signalées à ce sujet, il faut encore remarquer que, dans les actions *in rem*, le dol proprement dit est assez rare. Le plus souvent, c'est par extension que l'on qualifie de

(1) M. Molitor démontre que cette exception rentre dans l'*exceptio doli generalis*. Cours de droit romain, t. III, *De la revendication*, n° 33.

(2) C. *De petit. heredit.*, l. 12, § 3 ; *Inst. de action.*, § 28.

(3) D. *De heredit. pétit.*, l. 88.

(4) V. *suprà*, n₀ 33.

(5) 2ᵉ *act. in Verr.*, II, 12.

la sorte les actes de mauvaise foi (1) dont le juge est appelé, dans son *arbitrium*, a apprécier la gravité, pour en ordonner (2) ensuite la réparation. On ne rencontrera un véritable dol à réprimer que dans le cas où l'action *in rem* constituera la mise à exécution d'un acte juridique contre l'une des parties à cet acte. Si, par exemple, une translation de propriété a été faite sur fausse cause, et si de plus, l'aliénateur est resté ou rentré en possession, l'acquéreur peut évidemment user de la revendication pour mettre à exécution le fait juridique qui l'a rendu propriétaire; cette action *in rem* sera viciée par le dol, si l'erreur qui a occasionné la translation de propriété a pour cause une tromperie. Dans cette hypothèse, d'ailleurs comme dans toutes celles où l'aliénateur pourrait user d'une *condictio sine causa*, il sera protégé contre la revendication par une exception de dol qui devra être, comme il a été dit précédemment, expressément insérée dans la formule (3).

43. Nous arrivons à la troisième classe d'actions

---

(1) C'est en tenant compte de cette mauvaise foi, et particulièrement du moment où elle a commencé, que le juge détermine les restitutions à faire. Dans le cas spécial où il y aurait eu une usucapion accomplie *inter moras litis*, si le défendeur voulait en profiter, le juge pouvait réprimer cet acte de mauvaise foi et ordonner le transport de la propriété. Bien qu'il y ait là un fait juridique frauduleusement obtenu, on ne peut cependant pas le dire entaché de dol, car il n'y a chez le demandeur ni erreur ni acte quelconque de la volonté.

(2) Par le *jussus* qui est distinct de l'*arbitrium*.

(3) Parmi les actions civiles *in rem*, le *liberale judicium*, en raison de sa nature particulière, ne comportait pas d'*arbitrium*, aussi est-i rangé parmi les actions rigoureuses. De Savigny, t.V, app. xiii, p. 496.

libres, *les honorariæ actiones*. Dans un sens général, on peut dire que toutes sont fondées sur le dol, car elles ont été créées par le magistrat, afin de combler les lacunes ou de réparer les imperfections du droit civil, et d'empêcher ainsi les plaideurs de blesser l'équité sous le couvert de la loi.

Mais, en dehors du but spécial de leur institution, ces actions laissent-elles au juge la faculté de prendre en considération toute espèce de dol ? Il est incontestable que le juge n'est pas astreint à suivre la rigueur du droit civil, puisque l'action elle-même en est une première violation ; mais nous ne croyons cependant pas que l'on puisse, d'une façon absolue, lui reconnaître des pouvoirs aussi étendus que ceux dont il dispose dans les *bonæ fidei actiones*. Les limites de son droit d'appréciation sont déterminées par la formule que délivre le préteur, il ne peut les dépasser, car il n'a pas reçu mission de statuer *ex bona fide*. Pour lui permettre d'atteindre un dol autreque celui visé par le magistrat, une exception formellement exprimée semble nécessaire (1).

(1) D. *De pecunia constituta*, 1, 30 et 31 ; *Ad exhibend.*, l. 3, § 13 ; *De publiciana in rem act.*, l. 16 et 17. Il est à remarquer que M. de Savigny, dans le tableau qu'il dresse des diverses combinaisons entre actions et exceptions (t. V, § 227, p. 186), indique bien les deux cas où une exception est opposée à une action réelle, puis à une action prétorienne, mais qu'il ne mentionne pas celui où une exception serait opposée à une action *bonæ fidei*. Cela est en contradiction avec la tendance habituelle du savant jurisconsulte à placer, même sous ce rapport, les trois catégories d'actions libres sur la même ligne.

ARTICLE II. — Des actions bonæ fidei en particulier.

§ I. — Caractères et détermination de ces actions.

SOMMAIRE.

44. Nature des actions *bonæ fidei*.
45. Méthode à suivre pour en dresser la liste.
46. Énumérations diverses, leurs différences, leurs omissions.
47. Origine des actions *bonæ fidei*, actes dont elles dérivent.

44. Les *bonæ fidei actiones* sont, nous l'avons dit (1), es actions libres par excellence. C'est à elle surtout que l'on peut appliquer ces paroles de Cicéron : « *Quid est in arbitrio? mite, moderatum : quantum æquius melius id dari* (2). » Elles sont caractérisées par la grande latitude laissée à l'*arbiter* chargé de prononcer la sentence. Aux termes mêmes de la formule (3), ce juge doit tenir compte de la bonne et de la mauvaise foi des parties et statuer en équité. De là découlent pour lui, en ce qui concerne spécialement le dol, des pouvoirs très étendus pour l'apprécier et le réprimer. Leur conséquence la plus remarquable est la règle de droit romain déjà citée par nous : « *Exceptio doli inest judiciis bonæ fidei* (4). »

(1) V. *suprà*, n° 41.
(2) Cicéron, *pro Roscio Comœdo*, c. iv.
(3) V. *suprà*, n° 33 et 34.
(4) V, *suprà*, n° 41 ; D. *Soluto matr.*, l. 21 ; *De rescind.* vend., l. 3 ; *De legatis*, 1, l. 84, § 5 ; *Votic. Fragm.*, § 94. Nous avons déjà dit que le juge pouvait prendre en considération non-seulement

45. Il s'agit maintenant de déterminer quelles sont les actions aussi complètement affranchies du formalisme habituel à la loi romaine.

Nous procéderons à cet effet par voie d'élimination, et nous sommes, tout d'abord, autorisés à mettre de côté les deux autres classes d'actions libres, c'est-à-dire :

Les actions honoraires.

Les actions civiles *in rem*.

Parmi les actions civiles personnelles, nous devons encore exclure une première catégorie d'actions rigoureuses :

Les actions civiles pénales.

Il ne reste plus que les actions civiles personnelles résultant des contrats et quasi-contrats. Les actions *bonœ fidei*, ont, en effet, ces caractères ; mais, à côté d'elles, une seconde catégorie d'actions rigoureuses les réunissent aussi, ce sont :

Les actions *stricti juris* ou *condicliones*.

Comment les unes se distinguent-elles des autres? Nous laissons ici la parole à M. de Savigny (1) : « Les » *stricti juris actiones* étaient les actions véritables,

l'exception de dol, mais encore toute autre exception qui n'aurait pas été insérée dans la formule. En effet, outre l'argument tiré de la loi 2, § 5, *De doli exc.*, il faut remarquer que le juge appelé à statuer selon l'équité, doit, par cela seul, tenir compte de tous les moyens de défense, quand bien même ils n'auraient pas été opposés devant le préteur, *in jure*. Le demandeur ne peut prétexter son ignorance, du moment que l'exception lui a été proposée, *in judicio*, avant la sentence ; si néanmoins il persiste dans sa demande, il est juste de dire : « *petendo facit dolose.* »

(1) *Traité de droit romain*, t. V, § 220, p. 124.

» les actions proprement dites. Les *bonæ fidei actiones*
» étaient des actions d'une autre espèce, moins as-
» treintes à la rigueur du droit ; et, si l'on voulait ap-
» pliquer ici l'idée de règle et d'exception, il faudrait
» dire que les condictions étaient la règle et les *bonæ*
» *fidei actiones,* l'exception. »

Ces actions constituant l'exception et non la règle,
il n'y a qu'un seul moyen de les connaître, c'est d'en
dresser limitativement la liste. Et c'est ainsi que pro-
cèdent les textes du droit romain.

46. Il nous est parvenu trois énumérations de ce
genre. La première est due à Cicéron qui l'a reproduite dans plusieurs de ses ouvrages (1), la seconde
est de Gaïus (2), et la troisième de Justinien (3). Cette
dernière est la plus complète et doit être citée : « *Bonæ*
» *fidei sunt hæ : ex empto, vendito, locato, conducto,*
» *negotiorum gestorum, mandati, depositi, pro socio,*
» *tutelæ, commodati, pigneraticia, familiæ herciscundæ,*
» *communi dividundo, præscriptis verbis quæ de æsti-*
» *mato proponitur et ea quæ ex permutatione compe-*
» *tit* (4), *et hereditatis petitio* (5). »

(1) *De officiis,* III, 15 et 17 ; *De natura deorum,* III, 30 ; top.c. 17.
Nous avons cité les deux premiers textes au n° 33 ci-dessus.

(2) Comm. IV, § 62.

(3) *Inst. de action,* §§ 28 et 29.

(4) Le texte semble ne ranger parmi les *bonæ fidei actiones* que
celles des actions *præscriptis verbis* qui naissent de l'échange ou
du contrat estimatoire. Cependant, on peut considérer comme
certain que toutes les actions *præscriptis verbis* sont de bonne foi.
Les deux cas spécialement prévus par les Institutes ont été cités à
titre d'exemple (de Savigny, *Traité de droit romain,* t. V.. app. XIII,
p. 500, note f.).

(5) La pétition d'hérédité est une action *in rem.* C'est donc à tor

A cette liste, il faut encore ajouter les actions *rei uxoriæ* et *fiduciæ*. La première avait été remplacée sous Justinien par une action *ex stipulatu* participant, dans une certaine mesure, de la nature des *judicia bonæ fidei* (1). La seconde indiquée par Cicéron et Gaïus avait disparu du temps de Justinien (2). Enfin,

que Justinien la range parmi les *bonæ fidei actiones* ; on s'explique cependant cette erreur en raison de la nature complexe de cette action parfois qualifiée de *mixta personalis*. De plus, nous avons eu l'occasion de dire, qu'à la différence des autres actions *in rem*, l'exception de dol s'y trouvait sous-entendue (*suprà*, n° 42).

(1) V. *infrà*, n° 66 ; *in fine* (note).

(2) Il est très remarquable que Cicéron qui indique l'action *fiduciæ*, passe au contraire sous silence les actions *depositi* et *commodati*, rangées par Justinien dans son énumération (en outre la leçon *commodati* dans Gaïus IV, 62, est fort douteuse, Goudsmit, Pandectes, § 93, p. 259). Il est difficile de voir là un oubli qui se serait renouvelé jusqu'à trois fois chez Cicéron. Il n'est pas non plus vraisemblable, comme l'enseigne Goudsmit (id., p. 259), que les actions *depositi* et *commodati* d'abord *stricti juris* soient devenues plus tard *bonæ fidei* ; il serait resté quelque trace d'un changement aussi anormal. Nous croyons, avec M. Desjardins, que les actions *in jus* dérivant du commodat et du dépôt, ont été créées postérieurrement à Cicéron. A l'origine, le dépôt, comme le gage, se formait par une aliénation accompagnée d'un contrat de fiducie. Puis pour remédier aux inconvénients présentés par l'aliénation fiduciaire, le préteur créa l'action *depositi in factum* ; vers la même époque aussi sans doute, il établit l'action *commodati in factum* qui fut la première sanction directe du prêt à usage Ces deux actions *in factum* étant devenues d'un emploi très fréquent, le droit civil obéissant à la coutume les consacra, et en même temps se les appropria en les modifiant quelque peu ; ainsi se trouvèrent formées les actions *depositi* et *commodati in jus* qui furent rangées parmi les *bonæ fidei actiones*. D'après ce mode de formation successive, on comprend comment Cicéron mentionne seulement l'action *fiduciæ*, puis Gaïus à la fois l'action *fiduciæ* et l'action *depositi*, et enfin Justinien les deux actions *depositi* et *commodati* en omettant l'action *fiduciæ* qui, n'ayant plus d'objet, avait disparu.

Du reste, nous observerons que les actions de dépôt et de comil y a également lieu de reconnaître le caractère *bonæ fidei* aux actions résultant du contrat d'emphytéose, qui tient le milieu entre la vente et le louage (1).

47. Les actions qui viennent d'être énumérées ont presque toutes pour but de consacrer les rapports de droit : « pour lesquels, dans la vie réelle, on s'en rap- » porte à la loyauté et à la bonne foi, sans recourir à » des formes rigoureuses (2). » C'est ce qui explique pourquoi on y prenait en considération le dol dont les rapports de droit pouvaient se trouver originairement entachés.

La répression du dol obtenue sous cette forme n'était pas sans rencontrer quelque fondement dans les anciennes lois de Rome ; ainsi, pour les actions *tutelæ*, elle reposait sur la loi des Douze Tables. Mais le plus souvent, au témoignage de Cicéron (3), elle avait lieu, *sine lege,* en vertu, sans doute, de l'usage qui, de tout temps, avait sanctionné par des actions portées devant un *arbiter*, les obligations les plus élémentaires en équité et les plus nécessaires aux relations so- ciales (4).

modat *in factum* subsistèrent parallèlement aux actions *in jus* ; mais appuyées désormais sur une *causa civilis,*c'est avec raison qu'on les qualifie non de prétoriennes, mais de civiles (de Savigny,*Traité de droit romain,* t. V, § 213. note, c.).

(1) De Savigny, *Traité de droit romain,* t. V, app. xiii, p. 500.

(2) *Id.,* p. 501.

(3) *De officiis,* III, 15, V. *suprà,* n° 33.

(4) Il est certain que les actions *bonæ fidei* ont, en général, pour but de sanctionner les relations sociales de cette nature : « *Quibus vitæ societas continetur* » dit Cicéron(*De officiis,* III, 17). Cependant pour quelques-unes d'entre elles, ce caractère est moins marqué. Citons par exemple la société, le mandat, et même la tutelle et la

Les faits juridiques soumis de la sorte aux règles de la bonne foi étaient de deux sortes; il suffit de se re·porter à la liste des Institutes pour reconnaître que tous appartenaient soit à la classe des quasi-contrats, soit à celle des contrats. Ces derniers, par suite du genre d'actions auxquelles ils donnaient naissance, étaient eux-mêmes qualifiés *bonæ fidei*.

Puisque les contrats constituent au plus haut degré des faits juridiques volontaires, on comprendra qu'il y ait lieu d'étudier d'une façon spéciale l'influence du dol sur les contrats *bonæ fidei*.

II. — De l'influence du dol sur les contrats bonæ fidei.

1.

SOMMAIRE.

48. Double pouvoir du juge saisi de l'action fondée sur un contrat *bonæ fidei* entaché de dol.

    A. — 49. Le contrat n'a pas été exécuté.

res uxoria. Il est difficile de dire que ces faits correspondent à des besoins journaliers de la vie sociale. Aussi a-t-on cherché ailleurs la raison pour laquelle les actions qui en résultent ont été classées parmi les *bonæ fidei actiones*; et l'on a été ainsi amené à distinguer deux catégories d'actions qualifiées *bonæ fidei*. (Goudsmit, Pandectes, t. 1, § 93, p. 258). Les unes, comme nous l'avons dit, proviennent de certains actes réputés indispensables au commerce des hommes. Les autres se rapportent à des actes résultant de situations qui engendrent des rapports de droit multiples, réciproques, dont le jugement nécessite une appréciation et ne peut être l'affaire du premier venu. C'est probablement pour ce motif que Cicéron traite de grand juge (Goudsmit, *id.*) l'*arbiter* appelé à rendre la sentence : « *In his magni esse judicis statuere.* » (*De off.*, id.).

48. Les contrats *bonæ fidei* corresponde .:. ces relations journalières de la vie qui doivent être dominées par la loyauté et la bonne foi. Il sont valables *jure civili*, mais la source de leur force obligatoire se trouve non dans la loi écrite, mais dans un usage pour le plus grand nombre d'entre eux fort ancien : « La plu-
» part des contrats, dit à ce sujet M. de Savigny (1),
» s'exécutaient, comme aujourd'hui, sans que l'on
» eût recours à un juge. Mais si, dans certains cas,
» un débat s'élevait... le préteur obligeait les parties
» à se choisir un juge comme on avait coutume de le
» faire sans son intervention (*arbiter*), et il chargeait
» celui-ci de vider le différend d'après les règles d'une
» impartiale équité, sans avoir égard aux prescrip-
» tions rigoureuses du droit civil. »

De la sorte, le juge est avant tout saisi d'une question d'équité. Et non seulement, il peut refuser de faire droit à des prétentions qui seraient fondées sur un contrat entaché de dol; mais encore si la partie trompée a exécuté ce contrat, si elle a éprouvé un dom-

(1) T. V, app. xiii, p. 502.

mage, il peut en prescrire la réparation et ordonner le rétablissement de l'état antérieur. La bonne foi étant violée, l'action qui aurait dû amener l'exécution du contrat servira à le détruire.

On le voit, dans les contrats *bonæ fidei*, la réparation du dol est assurée d'une façon complète. Le mécanisme de l'action portée devant un *arbiter*, permet, en effet, d'atteindre le double but que réalisent, pour d'autres cas, l'exception et l'action *doli*, à savoir : empêcher l'accomplissement d'un acte injuste, détruire le préjudice qu'il a pu causer.

Ainsi se trouvent déterminées deux hypothèses qui seront successivement examinées, dans lesquelles l'influence du dol se manifeste également, mais sous une forme différente. Elles correspondent, l'une à l'emploi de l'exception *doli*, l'autre à l'exercice de l'action *doli*.

A. — 49. On peut supposer que le contrat entaché de dol n'a pas encore reçu d'exécution. La partie trompée, si elle vient à découvrir son erreur, dispose alors d'un moyen très simple pour se soustraire à ses conséquences. Elle attendra les poursuites de son adversaire, et pour faire tomber ses prétentions, il lui suffira de prouver qu'il a manqué à la bonne foi. Tout se passera comme si une exception *doli* avait été insérée dans la formule de l'action.

C'est ce résultat bien antérieur (1), du reste, à la création de l'exception de dol, que les jurisconsultes

(1) V. *suprà*, n°s 33 et 34.

exprimèrent plus tard par cette règle plusieurs fois reproduite dans les textes et déjà citée (1) : « *Exceptio doli in est judiciis bonæ fidei.* »

50. S'il est vrai qu'il suffise au défendeur de prouver la mauvaise foi du demandeur pour faire tomber ses injustes prétentions ; il y a cependant dans cet anéantissement des effets du contrat une mesure déterminée par le contraste précédemment (2) établi entre le *dolus causam dans* et le *dolus incidens.*

L'erreur produite par le dol a-t-elle été la cause déterminante du consentement donné ? L'*arbiter*, souverain appréciateur de cette question de fait, refusera de donner aucune suite à l'action portée devant lui. En réalité, l'acte juridique se trouvera rescindé.

Le dol au contraire n'est-il qu'incident? Le contrat sera maintenu ; mais il ne recevra qu'une exécution partielle. Le demandeur ne bénéficiera pas de sa mauvaise foi ; ses prétentions seront repoussées en ce qu'elles ont d'injuste, et le jugement tiendra compte à la partie trompée de l'indemnité qui lui est due, la condamnation sera diminuée d'autant.

Ces effets du *dolus incidens* (3) ne sont pas expressément indiqués par les textes, mais ils en résultent implicitement. Si l'acheteur trompé sur les qualités accessoires de l'esclave qui lui a été vendu a, comme

______

(1) V. *suprà*, nᵒˢ 41 et 44.

(2) V. *suprà*, nᵒˢ 14 et s.

(3) Pour la controverse relative à l'existence même de la distinction entre les deux espèces de dol, *causam dans* et *incidens,* V. *infrà,* nᵒ 56.

nous le verrons, le droit de réclamer par l'action *empti*
une partie du prix qu'il a payé (1), n'est-il pas évident
qu'il peut, sur les poursuites du vendeur, retenir par
voie d'exception cette même portion du prix qu'il n'aurait pas encore acquitté? De plus, tout, nous l'avons
dit, doit se passer comme si l'exception *doli* était sous-
entendue dans la formule. Or : « *Exceptio modo eximit
reum damnatione, modo minuit damnationem* (2). » Les
deux sortes d'effets que le texte reconnaît à l'exception
correspondent justement à la double influence du
dolus causam dans et du *dolus incidens* sur les actions
bonæ fidei.

51. Un certain nombre d'interprètes, s'appuyant sur
ce fait que le *dolus causam dans* enlève tout effet au
contrat *bonæ fidei;* sans qu'il soit nécessaire d'insérer
une exception *doli* dans la formule de l'action, ont
soutenu qu'en pareil cas, l'acte juridique n'était pas
seulement annulable (3), mais bien frappé *ipso jure*
de nullité (4). Comme le débat a pris une grande importance et constitue même l'une des plus intéressan-
tes questions de la matière, nous nous proposons d'y
consacrer, un peu plus loin, une série de paragraphes
qui formeront la seconde partie de cette étude des
contrats *bonæ fidei*.

B. — 52. La loyauté qui doit présider aux relations

---

(1) D. *De action. empti*, l. 13, § 4.
(2) D. *De exceptionibus*, l. 22.
(3) V. *suprà*, n₀ 28.
(4) V. *suprà*, n₀ 25, b., l'acte serait nul comme manquant d'une
condition essentielle exigée par le droit civil, la *bona fides*.

bonæ fidei n'eût été qu'imparfaitement sauvegardée, si les pouvoirs du juge se fussent bornés à empêcher l'exécution d'actes entachés de dol. Fréquemment, la partie trompée ne connaît son erreur qu'après avoir exécuté ses engagements. Il serait contraire à l'équité qu'elle fût désarmée en présence-du fait accompli.

L'action même qui naît du contrat *bonæ fidei* offre, dans ce cas, à la victime du dol un recours suffisant. L'*arbiter* saisi par ses poursuites pourra prescrire la réparation du préjudice causé, et, s'il y a lieu, ordonner que toutes choses soient replacées dans l'état antérieur au contrat. L'acte juridique contenant implicitement, par suite de la *bona fides*, la clause : *dolum abesse abfuturumque*, on comprend que, pour obtenir son annulation, on puisse se servir de l'action même à laquelle il a donné naissance. Une vente par exemple a-t-elle été viciée par le dol de l'une des parties? l'autre partie aura, pour se faire indemniser, l'action *empti* (1) ou l'action *venditi* (2), selon que, dans le contrat, elle a joué le rôle d'acheteur ou de vendeur.

53. La distinction entre le *dolus causam dans* et le *dolus incidens* a, dans cette seconde hypothèse, une portée pratique non moins grande que dans la première.

La réparation du dol n'est complète, on le sait, qu'à la condition de remettre les choses dans l'état où elles se trouveraient s'il n'y avait eu aucune tromperie. Pour que ce résultat soit atteint, l'action fondée sur un *dolus*

(1) D. *De dolo malo,* l. 7, § 3.
(2) D. *De dolo malo*, l. 9, pr.

causam dans devra, même après exécution de l'acte juridique, amener son entier anéantissement. Et tel pourra être, en pareil cas, l'effet de l'action issue du contrat *bonæ fidei*. Ainsi l'acheteur qui a contracté sous l'influence d'une erreur imputable à la mauvaise foi de son adversaire, peut, au moyen de l'action *empti*, obtenir la résolution de la vente. En conséquence, le prix qu'il a payé lui sera restitué et, de son côté, il rendra la chose achetée, tout sera ainsi replacé dans l'état antérieur au contrat. Nous avons, à ce sujet, un texte (1) très explicite : « *Si quis virginem se emere* » *putasset, quum mulier venisset, et sciens errare eum* » *venditor passus sit..., ex empto competere actionem ad* » *resolvendam emptionem, ut pretio restituto mulier* » *reddatur.* »

54. La résolution du contrat entaché de dol obtenue par voie d'action ou même par voie d'exception, ne procurera pas toujours à la partie trompée une entière réparation. Sous l'empire de l'erreur qui dominait son intelligence, elle a peut-être pris des engagements, accompli certains actes, omis d'en accomplir certains autres. Il y a là, suivant les cas, autant de causes de préjudice. Et par conséquent, si l'on veut détruire tous les effets du dol, il faudra joindre à la résolution du contrat une légitime indemnité.

Cette indemnité, l'obtiendra-t-on encore par l'action du contrat, ou faudra-t-il recourir à l'action spéciale de dol ?

______

(1) D. *De action. empti,* l. 11, § 5.

Les textes reconnaissent incontestablement qu'en semblable hypothèse, le juge saisi d'une action *bonæ fidei* peut condamner la partie de mauvaise foi à payer des dommages-intérêts : « *Si, consilio fraudis, servum* » *tibi nescienti vitiosum quis vendidit, non solum in pre-* » *tium servi venditorem conveniri, sed etiam damnum* » *quod per eum tibi accidit competens judex præstari* » *jubebit* (1) ». De cette façon, l'acheteur exercera l'action *ex empto* : « *ut consequatur quod sua interest de-* » *ceptum non esse* » (2).

Et cette action *ex empto* l'indemnisera aussi pleinement qu'aurait pu le faire l'action *doli* (3) ; telle est la raison pour laquelle on lui en refuse l'exercice : « *in ex empto quidem actione cessat de dolo actio, quo-* » *niam est ex empto* (4) ».

Ainsi, non seulement l'action du contrat *bonæ fidei* procurera à la victime du dol une pleine et entière réparation, mais encore, en vertu des termes mêmes de l'édit : « *si de his rebus alia actio non erit* (5), » elle constituera pour elle, à l'exclusion de l'action *doli*, le seul moyen d'atteindre ce résultat (6).

(1) C. *De ædilit. action.*, l. 4.
(2) *Inst. de empt. et vendit*, § 5; D. *De contrah. empt.*, l. 62, § 1.
(3) Il y a même une hypothèse où l'action du contrat est plus avantageuse que l'action créée par le préteur. Après la mort de l'auteur du dol, ses héritiers sont tenus par l'action du contrat aussi pleinement que lui-même (D. *De reg. juris.* l. 157, § 2) ; tandis que, par l'action *in factum* qui remplace, dans ce cas, l'action *doli*, ils ne sont tenus que : « *quatenus ex ea re locupletior hereditas venerit* (D. *De dolo malo*, l. 26).
(4) D. *De dolo malo*, l. 7, § 3, *in fine*.
(5) D. *Id.* l. 4, § 1.
(6) Il est difficile de concilier avec ces principes la loi 37. D. *De*

55. — A la différence du *dolus causam dans*, le *dolus incidens* n'est pas, nous le savons, une cause de rescision (1). L'équité exige une seule chose, que le préjudice injustement causé soit réparé ; or, ce serait dépasser le but que d'annuler entièrement un acte qui, dans ses parties principales, a été librement consenti. Il en est ainsi, *à fortiori*, si, comme nous le supposons, le contrat entaché de dol incident a été exécuté.

Dans ce cas, la partie trompée dispose encore de l'action du contrat *bonæ fidei*. Par ce moyen, elle sera entièrement indemnisée du tort que lui font éprouver les conditions qu'elle n'eût pas acceptées, si elle n'avait été circonvenue. A-t-elle acheté un esclave au-dessus de sa valeur ? par l'action *empti*, elle se fera restituer l'excédent du juste prix (2). A-t-elle, au contraire, vendu

dolo malo. Ulpien suppose qu'un vendeur a vanté outre mesure sa marchandise ; et ceci, non pas : *ad nudam laudem* (D. *De œd. ed*, l. 19), mais : *decipiendi emptoris causa*. Alors, d'après le texte : « *æque sic habendum est, ut non nascatur adversus dictum promis-* « *sumve actio, sed de dolo actio.* » Qu'il n'y ait pas d'action pour obtenir les avantages faussement attribués à l'objet vendu, on le comprend ; mais que pour se faire indemniser l'acheteur soit obligé de recourir à l'action *de dolo*, on ne peut se l'expliquer, puisque, dans la vente, tout dol, principal ou incident, donne ouverture à l'action *ex empto*. Peut-être par ces mots : *de dolo actio* faut-il entendre une poursuite quelconque fondée sur le dol. (V. *infrà*, no 88.)

(1) Assez fréquemment le dol dont le but est de cacher à l'acheteur un vice rédhibitoire est seulement incident ; cependant il peut amener la résolution de la vente. Mais il importe de remarquer d'abord, que c'est là un résultat indépendant du dol du vendeur, ensuite que pour l'obtenir il faut recourir à une action édilitienne, l'action *redhibitoria* qui, en raison de sa gravité, s'éteint au bout de six mois.

(2) D. *De action. empt.* l. 13, § 4. V. *suprà*, no 50.

une héridité au-dessous de sa valeur? par l'action *ven diti*, elle exigera le paiement d'une somme supplémentaire (1). Du reste, la réparation ainsi obtenue sera aussi complète que possible, elle embrassera tout le dommage imputable à l'auteur du dol : « *damnum, quod ex eo contingit* (2). »

56. Jusqu'ici, nous ne nous sommes pas prononcé sur une controverse qui s'est élevée relativement à l'existence, en droit romain, de la distinction entre le *dolus causam dans* et le *dolus incidens*.

Avant tout, on doit reconnaître que ces expressions ne se trouvent pas dans les textes ; elles ont été créées par les premiers commentateurs qui, à tort peut-être, crurent trouver le germe de la distinction dans le passage suivant de la loi *Et eleganter* (3) : « *aut nullam esse* » *venditionem, si in hoc ipso ut venderet, circumscriptus* » *est.* »

Noodt (4) le premier, a combattu une thèse jusqu'à lui universellement acceptée. Dans ce but, il a cru nécessaire d'effacer le fragment cité de la loi *Et eleganter*, en le considérant comme une addition de glossateur. C'est, d'ailleurs, au nom de la bonne administration de la justice qu'il supprime la distinction *cum tam oneri sit jurisprudentiæ.* »

D'autres auteurs, tout en reconnaissant qu'il est éminemment équitable de distinguer les deux espèces

(1) D. *Id.* l. 13, § 5.

(2) D. *De contrahanda emptione*, l. 45.

(3) D. *De dolo malo*, l. 7, pr. V. l'explication de ce texte, *infrà*, nᵒ 51.

(4) Noodt. *Ad. leg. Et eleganter*.

de dol, prétendent simplement que le droit positif de Rome a omis de le faire.

Pour nous, le débat n'est pas une question de mots, il doit porter sur les idées. C'est un fait certain constaté par les textes cités, que le dol, en droit romain, produit deux sortes d'effets : annulation *totale* du contrat, annulation *partielle* ou simple droit à des dommages-intérêts, le contrat étant par ailleurs maintenu. A cette différence, il faut trouver une raison. Nous croyons que l'on doit justement la chercher dans la distinction établie par les commentateurs entre le *dolus causam dans* et le *dolus incidens;* distinction équitable, conforme à la nature des choses, qui s'est imposée peut-être inconsciemment mais très réellement aux jurisconsultes romains.

La distinction n'est pas d'ailleurs aussi étrangère qu'on veut bien le dire au texte du Digeste. Nous la trouvons d'abord nettement formulée relativement au dol du mari dans la constitution de dot. La loi 12, § 1, *De jure dotium* prévoit deux hypothèses : « *Si mulier se dicat circumventam minoris rem æstimasse* », dol incident; « *si quidem circum in hoc venta est quod servum » dedit non tantum in hoc quod minoris æstimavit* », dol principal. Dans ce dernier cas la femme peut agir « *ut » servus sibi restituatur* »; dans le premier au contraire elle est obligée de subir l'effet de la constitution de la *dos æstimata* dans la mesure où elle n'a pas été circonvenue, le mari sera libre de garder l'esclave en payant, lors de la dissolution du mariage, outre l'estimation, le supplément du juste prix : « *erit arbitrium*

*mariti, utrum justam æstimationem an potius servum
præstet.* » Ainsi, non seulement cette loi reconnaît
l'existence des deux espèces de dol, mais encore elle
indique leurs effets différents.

De plus, nous avons déjà eu l'occasion de citer deux
textes qui se réfèrent évidemment à des cas de dol
incident et ne parlent que d'une condamnation à des
dommages-intérêts. Mais à ces textes on prétend en
opposer d'autres. Paul, dit-on, dans une hypothèse
identique à celle de la loi 13, § 4, *De action. empt.*, déclare la rescision admissible. Voyons dans quels termes : « *Si ut servum quis pluris venderet, de artificio*
» *ejus vel peculio mentitus est, actione ex empto conven-*
» *tus quanto minoris valuisset, emptori præstare com-*
» *pellitur, nisi paratus sit eum redhibere* (1). » D'après
cela, il est bien clair que le but de l'action *ex empto*
est uniquement d'obtenir une indemnité ; sans doute,
suivant l'opinion de Paul, le vendeur pourra, s'il le
préfère, offrir de résoudre la vente; mais c'est là pour
lui une pure faculté, tandis que l'annulation est de
rigueur s'il y a eu *dolus causam dans*. Entre les deux
cas, il y a toujours une profonde différence.

Enfin, on argumente d'une prétendue contradiction
qui existerait entre la loi 13, § 5 *De action. empt.*,favo-
rable à notre système et la loi 4 C., *De heredit. vel act.
vend.* La conciliation nous semble cependant facile, et
nous pourrions même transformer l'objection en argu-
ment.Dans l'hypothèse visée par la première loi,il y a dol

(1) Paul. *Sentences*, l. II, t. XVII, § 6.

incident; des objets ont été détournés d'une hérédité, mais leur valeur et leur importance n'étaient pas telles que, sans cette supercherie, l'héritier n'eût pas vendu. Dans la seconde hypothèse, au contraire, l'héritier trompé par l'acheteur a considéré la succession « *quasi* » *exiguam quantitatem* »; dès lors on comprend très bien qu'il puisse y avoir là un *dolus causam dans*; si le vendeur avait connu l'importance de la succession, peut-être aurait-il préféré la conserver au moins partiellement et ne pas contracter. D'ailleurs, la différence entre les deux espèces de dol se résout pratiquement en une question d'intention à apprécier, pour chaque cas particulier, chez les contractants; cette remarque suffirait seule à expliquer des solutions en apparence contradictoires.

57. S'il est démontré que le *dolus causam dans* peut amener la résolution des contrats *bonæ fidei*; cela ne veut pas dire que la victime du dol soit obligée de la faire prononcer. Il y a là pour elle un droit dont elle est parfaitement libre de ne pas user. Le contrat existe et, si elle le préfère, il lui est loisible d'opter pour son exécution. Il est même probable qu'elle conserve encore dans cette hypothèse, le droit d'obtenir des dommages-intérêts; rien n'empêche, en effet, le juge saisi de l'action *bonæ fidei* de prendre en considération le préjudice causé par la mauvaise foi de l'adversaire.

Puisque la partie lésée jouit de cette faculté d'option il est assez juste que l'auteur du dol ait un moyen de la forcer à s'expliquer. On reconnaît qu'il peut, dans ce but, intenter l'action même du contrat : « *agere ex empto, ut aut stetur emptioni, aut discedatur* (1). » Il ne sera donc pas condamné à rester indéfiniment dans l'incertitude.

58. Tout ce qui a été dit sur les effets du dol dans les contrats *bonæ fidei* suppose nécessairement que l'auteur des manœuvres est partie à l'acte. S'il en était autrement, le dol serait indirect et par conséquent le contrat inattaquable (2). En pareil cas, la partie trompée ne peut obtenir, par l'action *bonæ fidei*, la réparation du préjudice qu'elle éprouve. Mais elle n'est pas pour cela privée de tout recours; car, à défaut d'autre moyen, il lui restera le droit d'intenter l'action de dol contre l'auteur de la tromperie.

Une autre conséquence des principes du droit romain sur le dol indirect, c'est que l'annulation des contrats *bonæ fidei* sera toute relative (3) et n'aura lieu qu'entre les parties.

Dans l'hypothèse même où la situation de la victime du dol est la plus favorable, lorsqu'elle n'a pas exécuté, elle se trouvera cependant sans défense contre un cessionnaire à titre onéreux de l'autre partie. On doit, en effet, suivre ici les règles qui seront développées à propos de l'exception *doli* (4), car : « *Exceptio doli inest judiciis bonæ fidei.* »

Au cas où le contrat a reçu son exécution, l'action fondée sur la violation de la *bona fides* conserve, sans

(1) D. *De action. empl.*, l. 13, § 27 et 28.
(2) V. *suprà*, nos 17, 18 et 19.
(3) V. *suprà*, no 27 b.
(4) V. *infrà*, nos 74, 75 et 76.

nul doute, son caractère personnel. Il en résulte qu'elle ne peut nuire aux sous-acquéreurs, et que son titulaire devra, s'il y a insolvabilité, supporter le concours des autres créanciers.

On voit comment est sauvegardé ce principe que l'auteur du dol est seul responsable des suites de son délit. Ajoutons que le préteur se réservait le droit d'y faire échec, en accordant, dans des circonstances exceptionnelles, une *restitutio in integrum* (1).

I I

SOMMAIRE.

59. Théorie de la nullité *ipso jure* des contrats *bonæ fidei* entachés de dol.
60. Réfutation.
61. Interprétation de la loi *Et eleganter*.
62. Système intermédiaire, prétendues exceptions à la règle, réfutation.

59. Nous nous sommes borné à indiquer plus haut (2), en nous réservant d'y revenir, une importante controverse relative à la nature des effets du dol sur les contrats *bonæ fidei*. Il nous faut maintenant l'exposer avec détails et y prendre parti.

C'était une idée assez généralement reçue chez les anciens commentateurs du droit romain, que le *dolus causam dans* ne rendait pas seulement annu-

____

(1) V. *infrà*, nos 98 et s.
(2) V. *suprà*, no 51.

lables (1) les contrats *bonæ fidei*, mais qu'il était pour eux une cause de nullité (2), *ipso jure*. Partant de ce principe qu'il considérait comme admis, Noodt (3) avait même soutenu que, sous ce rapport, il n'y avait pas lieu de distinguer entre le *dolus causam dans* et le *dolus incidens*.

Cette théorie fut inspirée par ce fait que, dans les actions de bonne foi, l'exception de dol n'avait pas besoin d'être insérée dans la formule. Tout semblait donc se passer comme si l'acte juridique eût été légalement inexistant. L'action résultant d'un contrat *bonæ fidei* entaché de dol était repoussée sans plus de difficulté que si elle eût été fondée sur un contrat imaginaire.

En outre, les partisans du système ont prétendu trouver sa confirmation dans les textes. C'est d'abord la loi *Et eleganter*, avec ces expressions : « *nullam esse venditionem;* » puis une série d'autres lois qui, à propos de contrats *bonæ fidei* entachés de dol, portent ces mots : « *nihil actum fuisse* (4), » « *nullius erit momenti* (5), » « *ipso jure nullius momenti est* (6). »

60. Malgré le caractère assez spécieux de ces raisons, nous sommes loin de partager l'opinion en faveur de laquelle on les fait valoir. Nous allons même essayer d'en présenter la réfutation.

Laissant pour un moment de côté les textes que l'on

(1) V. *suprà*, n° 28.
(2) V. *suprà*, n° 25 *b*, et n° 51, p. 78, note 4.
(3) Noodt, *Ad. leg. Et eleganter*, V. *suprà*, n° 56.
(4) D. *De cont. empt.* l. 57, § 3.
(5) D. *De auct. et cons. tut. vel cur*, l. 5, § 2.
(6) D. *Pro socio*, l. 3, § 3.

nous oppose, nous nous placerons d'abord sur le terrain des principes.

On prétend que le contrat est *nul*, nous disons qu'il est seulement *annulable*.

Pour résoudre la question il ne faut pas s'arrêter aux apparences, ni décider d'après des ressemblances de procédure; il faut aller au fond des choses.

Si l'acte est nul, il est juridiquement privé d'existence. Par conséquent (1), pour le mettre à néant il n'est besoin d'aucune espèce de décision judiciaire; en sens inverse la volonté de l'homme est impuissante à lui reconnaître une vie dont il est privé, aucune ratification ne peut faire disparaître le vice radical qui l'a empêché de naître; et d'une façon générale, puisqu'il n'existe pas, il ne peut produire aucun effet : « *quod nullum est nullum habet effectum.* »

Or, il s'en faut de beaucoup que telle soit la situation du contrat *bonæ fidei* entaché de dol.

Sans doute, on obtiendra son annulation sans qu'il soit nécessaire d'insérer une exception de dol dans la formule; mais on n'est pas pour cela autorisé à dire que tout se passe comme si l'acte était nul. S'il en était ainsi, le juge se bornerait à *constater* le néant de l'action portée devant lui; ici, au contraire, l'action a un fondement, le contrat *bonæ fidei*, et c'est justement par suite de la nature de cet acte et en vertu des pouvoirs qui lui sont conférés par les termes de la formule : « *Ex fide bona* » que le juge *prononce* la sen-

(1) V. *suprà*. n° 27.

lence d'invalidation. On exprime ce résultat en disant que l'exception de dol est sous-entendue dans le *judicium bonæ fidei*, et c'est encore ce qui démontre combien la conséquence tirée de ce principe dépasse les prémisses ; car si l'acte était nul, il ne serait aucunement besoin de sous-entendre une exception pour en arrêter l'effet.

Enfin, dans l'hypothèse où le contrat a été exécuté, on voit clairement qu'il n'est pas frappé de nullité. Pour revenir sur le fait accompli, on n'a pas en effet recours à une *condictio* ou à une revendication, mais bien à l'action même du contrat dont l'existence se trouve ainsi reconnue. De plus, au témoignage des textes, le juge ne se borne pas à *constater* une nullité, il la *prononce* : « *ex empto competere actionem ad resolvendam emptionem* (1) », « *præses provinciæ rescindi venditionem jubebit* (2) ». Tout le monde reconnaîtra qu'il n'y a pas lieu de résoudre ou de rescinder ce qui est nul (3). On ne comprendrait pas non plus qu'il pût être question de *restitutio in integrum* contre un pareil contrat ; aussi, de quelque façon qu'on l'interprète, la constitution 10 C. *De rescind. vend.* serait inexplicable, puisqu'elle porte : « *Contra illum*

____

(1) D. *De action. empti.* l. 11, § 3.

(2) C. *De rescind. vendit.*, l. 5.

(3) Quelques-uns de nos adversaires ne pouvant nier ce principe ont proposé diverses explications. Doneau, par exemple, prétend qu'il s'agit de la rescision, non de la vente, mais de la tradition qui l'a suivie. Outre que la validité de la tradition faite à la suite d'un acte nul est contestée par beaucoup d'auteurs, cette interprétation ne tient pas à la lecture des textes, car il est très formellement question du contrat lui-même *emptio venditio*.

» *cum quo contraxerat, in integrum restitutio com-*
» *petit.* »

Ainsi, au point de vue de la décision judiciaire à
intervenir, la différence entre le contrat et un acte nul
est déjà bien marquée. Mais ce n'est pas tout, et nous
allons encore retrouver les autres caractères (1) qui
forment la ligne de démarcation indiquée dans le
chapitre précédent.

La partie munie du droit à l'annulation peut, au
gré de sa volonté, laisser le contrat debout ou le faire
tomber ; elle est libre de le ratifier.

Que la victime du dol puisse choisir entre le maintien et la résolution de l'acte intervenu ; c'est un point
mis hors de doute par les explications précédemment
données. Nous avons reconnu à l'auteur du dol un droit
de poursuite pour déterminer cette option (2).

Quant à la ratification, elle résultera d'abord implicitement de l'exécution faite en connaissance de cause.
Elle pourra aussi se faire expressément ; du moins
nous tirons cette conclusion par *a fortiori*, car il est
difficile de supposer que, sur ce point, il y ait lieu de
donner pour le dol une solution différente de celle admise dans le cas plus grave de la violence : « *Si* (3) *per*
» *vim... venditio a vobis extorta est, et non postea eam*
» *consensu corroborastis* (4). »

---

(1) V. *suprà*, n° 27 b. c.
(2) V. *suprà*, n° 57 ; D. *De action. empti*, l. 13, §§ 27 et 28.
(3) C. *De his quæ vi metusve*, l. 4.
(4) On donne aussi comme argument en faveur de l'existence
du contrat, que la novation par délégation est possible, d'une façon
générale, à l'égard des obligations entachées de dol (D. *De novat et*

61. Maintenant que notre thèse est solidement établie par des arguments directs, nous allons entre-
prendre l'examen des textes invoqués à l'appui de l'o-
pinion contraire.

Nous commencerons par la célèbre loi : *Et eleganter* (1).

Il est bon de remarquer immédiatement que l'au-
thenticité du fragment sur lequel porte la contestation
n'est pas indiscutable. Tous les interprètes sont d'accord pour reconnaître que l'on y parle de l'action *ex
empto*, quand il s'agit de l'action *ex vendito*. De plus,
Noodt a prétendu, mais sans en indiquer suffisamment
les preuves, que les mots : *aut nullam esse*, etc... n'é-
taient pas d'Ulpien.

Sous le bénéfice de ces observations, nous citerons
en entier le texte de cette loi : « *Et eleganter Pompo-*
» *nius hæc verba si alia actio non erit, sic excipit*
» *quasi res alio modo ei ad quem ea res pertinet salva*
» *esse non poterit. Nec videtur huic sententiæ adversari,*
» *quod Julianus libro IV scribit, si minor annis XXV*
» *consilio servi circumscriptus eum vendidit cum pecu-*
» *lio, emptorque eum manumisit, dandam in manumis-*
» *sum de dolo actionem. Hoc enim sic accipimus, carere*
» *dolo emptorem, ut ex empto teneri non possit, aut nul-*
» *lam esse venditionem, si in hoc ipso ut venderet cir-*
» *cumscriptus est. Et quod minor proponitur, non inducit*

delegat, l. 12 et 19). Mais la raison ne porte pas, car l'obligation
du délégué serait-elle nulle, la délégation serait néanmoins valable
(D. *eod. tit.* l. 13.)

(1) D *De dolo malo*, l. 7, pr.

» *in integrum restitutionem, nam adversus manumissum*
» *nulla in integrum restitutio potest locum habere.* »
(Ulpianus, lib. **XI**, *ad Edictum*).

Ulpien, après avoir approuvé la façon dont Pomponius interprète l'édit du préteur en ce qui concerne le
caractère subsidiaire de l'action de dol, cherche à prouver qu'il n'y a pas désaccord entre cette doctrine et
la solution donnée par Julien à l'espèce suivante. Il s'a-
git d'un cas de dol indirect (1) ; un esclave a usé de
manœuvres pour déterminer son maître (2) à le vendre,
puis il a été affranchi par l'acheteur, et l'on décide
alors que le vendeur aura l'action *doli* contre son ancien
esclave devenu libre, car ce dernier est l'auteur du
dol. C'est ici que commence la difficulté : *Hoc enim sic
accipimus*, ajoute Ulpien, *carere dolo emptorem ut ex
empto teneri non possit, aut nullam esse venditionem si
in hoc ipso ut venderet circumscriptus est.* Voici quel
est, suivant nous le sens de ce passage : *Pour admettre
la solution donnée par Julien, il faut supposer que l'a-
cheteur est étranger au dol et ne peut par conséquent
être poursuivi au moyen de l'action* ex vendito *(3), ou
bien encore que le contrat est nul, si le maître trompé
par son esclave n'a pas cru faire une vente.*

(1) V. *suprà*, n° 58.
(2) Le texte suppose que c'est un mineur de vingt-cinq ans ;
mais comme on le fait ensuite remarquer, cela importe peu, car la
restitutio in integrum n'est pas possible à l'encontre d'un affranchissement ; le mineur se trouve donc dans la même position
qu'un majeur.
(3) Nous disons l'action *ex vendito*, et non, comme l'indique faussement le texte, l'action *ex empto*.

En un mot, Ulpien indique deux hypothèses, dans lesquelles la victime du dol, n'ayant aucun autre recours, pourra intenter contre l'affranchi l'action *doli* ; s'il les distingue l'une de l'autre et établit entre elles une sorte d'antithèse, c'est que dans la première, le contrat est valable, tandis que, dans la seconde, il est nul (1). Mais la cause de la nullité n'est pas le dol, c'est l'erreur essentielle qui en est résultée. Telle est du moins, l'opinion de M. de Vangerow et la nôtre.

L'erreur essentielle, cause de la nullité de la vente, porte ici sur la nature du contrat (2). Le maître a été trompé *in hoc ipso ut venderet*, en cela même qu'il faisait une vente. Son esclave lui aura persuadé qu'il contractait un échange ou bien qu'il le livrait pour l'acquit d'une dette préexistante. Malgré ces motifs erronés, la propriété a pu être valablement transférée par mancipation ou même par tradition ; il suffit qu'il y ait eu volonté réciproque d'aliéner, d'acquérir (3).

Mais si l'acheteur apparent est devenu propriétaire de l'esclave, son affranchissement est, malgré l'opinion contraire de Cujas (4), parfaitement régulier. Dès lors,

---

(1) On comprend qu'Ulpien distingue les deux cas. Après avoir indiqué celui où l'acheteur n'est pas tenu de l'action de la vente, à cause de sa bonne foi, il en indique immédiatement un second où cette action est écartée pour un motif différent, la nullité de la vente.

(2) V. *suprà*, n° 29.

(3) Nous admettons en effet que c'est là ce qui constitue la *justa causa*, nécessaire à la tradition.

(4) *Ad hanc legem*. Cujas reconnaît bien que la propriété a été transférée, mais, dit-il, *subtilitate juris*, car l'aliénateur avait une

la liberté légalement acquise étant irrévocable (1), on comprend très bien que la nullité du contrat soit, pour la personne trompée, un remède illusoire, et qu'elle puisse intenter contre son ancien esclave devenu libre l'action de dol (2).

Nous croyons avoir donné une interprétation aussi simple et aussi littérale que possible de la loi *et Eleganter*. Mais nous devons reconnaître qu'il en existe une autre plus généralement reçue. D'après Cujas, Glück et la majeure partie des commentateurs de ce texte, Ulpien n'envisagerait l'admissibilité de l'action *doli* que pour une seule hypothèse, celle où l'acheteur, étant exempt de dol, n'est pas exposé à l'action *venditi*, autrement (et c'est ainsi que l'on traduit *aut*) la vente serait nulle (*nullam esse venditionem*); d'où les interprètes concluent à tort que l'affranchissement le serait aussi, et par là même que le vendeur n'aurait en aucune façon à intenter l'action *doli* (3).

condictio pour se la faire rendre. C'est pour cette raison que l'affranchissement ne vaudrait pas. Nous trouvons la raison insuffisante.

(1) Même au moyen de l'*in integrum restitutio*, comme l'indiquent le texte et les lois 9, § 6; 11, pr. D. *De minor*.

(2) Observons toutefois que, même en cette hypothèse, il faut supposer que l'acheteur est de bonne foi. S'il en était autrement, si par exemple il avait affranchi en connaissant la nullité, il serait tenu, non de l'action de la vente, mais d'une *condictio* ayant pour objet le prix de l'esclave (D. *De cond. ind.*, 1. 65, § 8). Cette *condictio* exclurait l'action de dol.

(3) Glück, t. III, § 293. Si l'affranchissement n'était pas nul, comme les commentateurs admettent, malgré la nullité de la vente, l'existence d'une action *venditi*, en général l'action *doli* serait exclue par cette dernière, cependant elle pourrait être intentée contre l'affranchi en cas d'insolvabilité de l'acheteur.

Cette façon d'expliquer la loi *Et eleganter* nous semble critiquable à plus d'un égard. D'abord, elle force à torturer le texte, car le sens obvie du mot *aut* est : *ou bien* et non pas : *autrement*. En second lieu, la nullité de la vente n'entraîne pas, nous l'avons démontré, la nullité de l'affranchissement. Enfin, il y a une véritable contradiction à dire à la fois que l'acheteur coupable du dol peut être poursuivi par l'action *venditi* et que le contrat est frappé de nullité ; car si la vente est nulle, il n'y a pas d'action *venditi*. Si donc, on se refuse à chercher la cause de la nullité dans une erreur essentielle, il faut, pour rester dans la logique, admettre que les expressions : « *nullam esse venditionem* » signifient seulement que la vente est annulable (1). C'est la seule façon de rendre acceptable la seconde interprétation donnée au texte en litige, et l'on voit que, dès lors, il ne contient plus rien de contraire à notre doctrine sur les effets du dol.

62. Les autres textes invoqués à l'appui de la théorie de la nullité des contrats *bonæ fidei* entachés de dol, ont également servi de point de départ à un système intermédiaire imaginé, par Mülhenbruck (2). Ce jurisconsulte, tout en se refusant à reconnaître la nullité *ipso jure* comme une règle générale en la matière, admet cependant qu'elle est une conséquence du dol dans trois cas exceptionnels correspondant justement aux textes que nous avons à réfuter.

(1) Touzaud, *Des vices du consentement.* Th. D. M. Touzaud invoque à l'appui de son opinion le texte des Basiliques (p. 67).
(2) *Doctrina Pandect.*, § 337.

a) Le premier cas est celui où il y aurait eu dol réciproque, c'est-à-dire pratiqué par les deux parties. Le jurisconsulte Paul dit à propos d'une espèce de ce genre : « *Nihil actum fuisse, dolo inter utramque partem compensando : et judicio quod ex bona fide descendit, dolo ex utraque parte veniente, stare non concedente* (1) ». Ces termes ne sont que la constatation d'un fait; les deux parties étant de mauvaise foi, aucune d'elles ne pourra obtenir l'exécution du contrat; il y aura ainsi une sorte de compensation qui sera une conséquence directe des règles relatives aux *judicia bonœ fidei*. Pour rester dans la vérité, il faudrait dire simplement qu'en raison de circonstances particulières, il y aura *pratiquement* peu de différence entre un semblable contrat et un acte nul.

b) Le second cas exceptionnel serait la vente des biens d'un pupille, intervenue par suite de collusion entre le tuteur et un cotuteur : « *Ipse tutor... si contutorem habeat, cujus auctoritas sufficit, procul dubio emere potest : sed si mala fide emptio intercesserit, nullius erit momenti* » (2). Nous remarquerons d'abord que ces mots *nullius momenti* n'indiquent pas une nullité absolue, car le même texte nous apprend que le contrat est susceptible de ratification : « *Si suæ ætatis factus comprobaverit emptionem, contractus valet* (3) ».

(1) D. *De contr. empt.*, 1. 57, § 3.

(2) D. *De auctor. et consens. tutor.*, 1. 5, § 2.

(3) Peut-être, toutefois, ne s'agit-il pas ici d'une véritable ratification, mais seulement d'un consentement donné après coup par l'impubère devenu majeur, dont l'effet serait de fournir au contrat ce qui lui manque; alors, mais pour l'avenir seulement, *contractus valet*.

De plus, la fraude commise présente une nature particulière, et l'on peut soutenir que l'*auctoritas* de complaisance donnée par le cotuteur est purement fictive ; par conséquent, y aurait-il nullité du contrat, que la cause en serait plutôt dans le défaut d'*auctoritas* que dans le dol (1).

c) Enfin, d'après Mülhenbruck, le contrat de société ferait exception à la règle générale ; le dol le rendrait nul et non pas seulement annulable. Deux lois du Digeste semblent en effet contenir ce principe : « *Si minor circumscriptus societatem coierit... nullam esse societatem, nec inter majores quidem : et ideo cessare partes prætoris.... satis enim ipso jure munitus est* (2) ». « *Societas, si dolo malo, aut fraudandi causa coita sit, ipso jure nullius momenti est : quia fides bona contraria est fraudi, et dolo* » (3).

Le premier de ces textes est contenu au titre : *De minoribus vigenti quinque annis*, dans lequel il est traité de la *Restitutio in integrum propter ætatem*. Il a pour but d'indiquer l'une des hypothèses où ce remède extraordinaire ne doit pas être accordé, parce que la partie lésée trouve un secours suffisant dans les insti-

____

(1) Mais ce serait faire erreur que de dire avec M. Touzaud (ouvrage cité) que l'espèce en question est étrangère à la matière du dol dans les contrats, parce que la fraude a été concertée par les parties contractantes elles-mêmes contre un tiers, le mineur. Ce dernier n'est pas, il s'en faut, un tiers au contrat, il est au contraire partie principale et il y a figuré comme tel, puisque le cotuteur s'est borné à donner son *auctoritas*.

(2) D. *De minor viginti*, l. 16, § 1.

(3) D. *Pro socio*, l. 3, § 3.

tutions normales du droit civil (1). C'est pour ce motif qu'il est dit à propos du mineur : *ipso jure munitus est.* Quant à l'expression : *nullam esse societatem,* il faut l'entendre en ce sens que le contrat est annulable. C'est une inexactitude qui tient à la terminologie vicieuse de la langue du droit, moins fixée en cette matière qu'en toute autre. Elle est d'ailleurs d'autant plus excusable qu'Ulpien, uniquement préoccupé de montrer que le contrat se trouvait frappé d'une invalidité de droit commun, n'a pas cherché à en préciser la nature.

Les mots : *ipso jure nullius momenti* ont, dans la seconde des lois citées (2), un sens tout à fait analogue à celui que nous avons signalé à propos de la première. Ils ne doivent pas s'entendre d'une nullité absolue. Ils signifient seulement que le contrat de société entaché de dol peut être attaqué en vertu du droit civil lui même, sans que le préteur ait à le modifier ou à le compléter : *cessare partes prætoris.* Et la raison, c'est que la société est soumise au prince général en matière de contrats *bonæ fidei : quia fides bona contraria est fraudi et dolo.* Bien loin de trouver là une exception à la règle, on doit plutôt y voir l'une de ses applications.

(1) *Si mero jure munitus sit, non debet ei tribui extraordinarium auxilium.* Tels sont les termes du *principium* même de notre loi ; le paragraphe 1er contient un exemple cité à l'appui de cette règle.

(2) On a cherché à mettre ce texte hors du débat, en prétendant que ces mots : *societas si dolo malo aut fraudandi causa coita sit,* s'appliquent à un contrat librement consenti, dans le but de faire des opérations frauduleuses. (Maynz, t. II, § 202, no 40.) Nous ne croyons pas que cette interprétation soit la véritable.

CHAPITRE IV

DE LA CLAUSULA VOLONTAIRE ET FORCÉE

SOMMAIRE.

63. Transition.
64. Origine de la *clausula doli*, ses formes diverses.
65. Ses effets.
66. *Clausula doli* forcée, remède prétorien contre le dol.

63. Le mode de répression du dol étudié dans le chapitre précédent n'apporte qu'une dérogation restreinte à la marche ordinaire du droit. Il est une conséquence de la nature du rôle assigné par la législation romaine au juge de l'action *bonæ fidei*. Si ce dernier déroge au principe que force doit rester aux droits issus d'un acte juridiquement parfait, c'est qu'il y est autorisé par un autre principe suivant lequel ses décisions doivent être rendues en pure équité.

Nous abordons maintenant l'examen des divers moyens qui permettent d'obtenir réparation du dol par une voie plus ou moins compliquée, dans les nombreux cas où le fonctionnement normal des actions est impuissant à procurer ce résultat.

Si nous commençons par l'étude la *clausula doli*, c'est pour nous conformer à l'ordre établi plus haut (1),

(1) V. *suprà*, n° 39.

et qui a pour base, rappelons-le, le degré de simplicité
juridique des institutions.

64. Les inconvénients présentés par le formalisme
rigoureux qui présidait à l'exécution des actes *stricti
juris*, durent apparaître surtout à l'occasion du contrat de stipulation, d'un usage si fréquent chez les
Romains. Il est probable que les parties cherchèrent
de bonne heure un moyen de transformer la nature des
nombreuses obligations dont il était la source. Elles le
trouvèrent dans la forme même du contrat. Le stipulant qui redoutait le dol de la partie adverse insérait
dans son interrogation la phrase suivante : « *Dolum-
que malum huic rei promissionique abesse, abfuturumque* (1) », et le promettant se trouvait lié par sa réponse conforme.

La formule qui vient d'être citée était plus particulièrement désignée sous le nom de *doli clausula*.
Les termes n'avaient cependant rien de sacramen-
tel ; on pouvait se contenter d'employer les mots :
bona fidei ; il fut même admis que la simple expression *recte* ajoutée à la stipulation suffisait pour obliger
les parties à respecter la *bona fides* : « *Recte enim ver-
bum pro viri boni arbitrio est* (2) ».

Enfin, comme le fait remarquer M. de Savigny (3),
on obtenait un résultat équivalent à la *clausula doli*
en exprimant dans le contrat verbal toutes les obliga-

(1) D. *De verb.* O. l. 121, pr.

2) D. *De verb.* S. l. 73.

3) *Traité de droit romain*, t. V, p. 509; ce sujet est traité dans
les nos 17 et 19, app. XIII.

tions qui seraient résultées d'un *bonæ fidei contractus*.

65. Les effets de la clause relative au dol étaient fort étendus. Une fois qu'elle avait été insérée dans la stipulation, les deux parties se trouvaient obligées à s'abstenir de tout acte contraire à la bonne foi et à se conformer entièrement aux règles de l'équité. On aurait pu croire cependant que cette obligation ne s'imposait qu'au promettant qui seul s'était engagé ; mais, tel était le caractère de réciprocité attaché à la *bona fides* , que la *doli clausula* atteignait aussi le *stipulator qui dolo fecit* (1). En conséquence, dans la formule de l'action accordée à ce dernier, on sous-entendait l'exception de dol de la même façon que pour les *judicia bonæ fidei*.

Ainsi le stipulant victime des manœuvres de son adversaire, pouvait, en vertu de la clause sur le dol, intenter l'action *ex stipulatu* ; et la réparation obtenue de la sorte était si entière qu'elle excluait l'exercice de l'action *doli* : « *cessare actionem de dolo quoniam est ex stipulatu actio* (2) ». Quant au promettant, il n'était garanti que dans une moindre mesure. S'il ne s'était pas exécuté, il avait toute facilité pour résister par voie d'exception, mais il ne jouissait pas d'une action *ex stipulatu* qui lui permît de revenir sur l'accomplissement de ses obligations ; il n'aurait eu ce droit qu'en exigeant à son tour une promesse de l'autre partie ; s'il l'avait omis, il devait recourir aux remède prétoriens.

(1) De Savigny, t. V, p. 507 et 508, note *d*.
(2) D. *De dolo malo*, 1. 7, § 3.

Malgré cette restriction, on voit qu'il dépendait de la volonté des parties de transformer presque entièrement en un *judicium bonæ fidei* l'action *ex stipulatu*. Toutefois, cette dernière conservait encore l'apparence du *judicium stricti juris*, et notamment elle devait être portée, non devant un *arbiter*, mais devant un *judex* A dire vrai, la différence était plus théorique que pratique, car le *judex* jouissait, dans l'hypothèse, de pouvoirs tout à fait analogues à ceux du juge des actions libres (1).

66. Jusqu'ici, nous avons supposé que la promesse portant garantie contre le dol était l'œuvre de la libre volonté des contractants. Mais il n'en était pas toujours ainsi.

De tout temps (2), le droit romain connut des *sponsiones* et des engagements formés *verbis* que l'on imposait aux parties. Leur but était de combler d'une façon détournée les lacunes de la législation et par là même de réprimer le dol entendu dans son sens le plus large. Cette violence légale s'étendit jusqu'à la *clausula doli*. Le préteur la rendait obligatoire, lorsqu'il voulait communiquer à des actions rigoureuses le caractère d'actions libres. Il usa en particulier de ce moyen pour rendre à la fois plus fortes et plus équitables les stipulations forcées dont nous venons de

____

(1) V. *suprá*, n° 40.

(2) Dès le système des actions de la loi (Ortolan, sur le tit. XVIII, l. III), d'après de Savigny (t. V, § 228, n. *e*), on recourait à des *sponsiones* forcées pour « atteindre le but rempli dans la suite par la *doli exceptio*. »

rappeler l'existence (1). En outre, il lui arrivait de sous-entendre une clause de cette nature dans les stipulations fictives sur lesquelles il basait parfois ses formules d'action (2).

D'après cela, il est permis de considérer, dans une mesure restreinte, la *clausula doli* forcée comme un premier remède prétorien contre le dol.

(1) On peut constater d'après les textes que la *clausula doli* devait notamment être insérée dans la promesse de l'usufruitier (D. 1. 5, pr. *Usuf. quemadm.*), dans les *cautiones legatorum* (D. *Ut. leg.* 1. 1, pr.) *judicatum solvi* (D. *Jud. solv.* 1. 6), *de rato* (D. *Rat. rem.*, 1. 22, § 7) et *damni infecti* (Lex Rubria. C. XX, v. 26, 27).

M. de Savigny (t. V, p. 511) croit qu'il existait, lors de chaque *litis contestatio*, des stipulations renfermant cette clause; ce qui expliquerait la modification que subissaient à ce moment les obligations *stricti juris*.

(2) Ainsi s'expliquent les mots *ex fide bona* insérés d'après la *lex Rubria* (ou *lex Galliæ cisalpinæ*), dans la formule de l'action fondée sur la stipulation fictive qui remplace la *repromissio* ou *satisdatio damni infecti*.

De même, si Justinien qualifie de *bonæ fidei* l'action *ex stipulatu* qui remplace l'ancienne action *rei uxoriæ*, c'est qu'il sous-entend la clause sur le dol dans la stipulation fictive. (V. de Savigny, t. V, p. 508.)

CHAPITRE V.

DE L'EXCEPTION DE DOL ET DE L'EXCEPTION *in factum* QUI LA REMPLACE.

SOMMAIRE.

67. Rôle de l'exception *doli.*
68. Son origine, discussion.
69. Division de la matière en quatre paragraphes.

67. En suivant l'ordre qui a été précédemment fixé (1), nous sommes amené à traiter en troisième lieu de l'exception *doli.*

Bien qu'étranger au droit civil et tout entier d'origine prétorienne, ce mode de répression du dol présente dans son fonctionnement une grande simplicité. D'ailleurs, ce n'est qu'au dernier moment qu'il vient faire échec au droit civil, et son effet se borne à entraver l'exécution des actes juridiques lors de la procédure destinée à la procurer.

Observons de suite que cette exception a une portée pratique des plus étendues. Son but est de bannir la fraude et la mauvaise foi de l'usage des droits légalement acquis, et de faire ainsi pénétrer l'équité dans la vieille loi romaine. Le préteur eut désormais un pro-

(1) V. *suprà,* no 39.

cédé facile pour rapprocher les actions libres des actions rigoureuses, ou même, plus exactement, pour assimiler toutes les autres (1) actions aux *judicia bonæ fidei*. En réalité, l'exception *doli* insérée dans une formule exprimait à peu près ce qui était sous-entendu dans les actions de bonne foi.

68. On fait généralement remonter la création de l'exception *doli* au préteurAquillius Gallus, qui est aussi l'auteur de la formule d'action. Cependant un jurisconsulte allemand, M. de Vangerow (2), revenant sur son opinion première, a cru devoir attribuer l'innovation à Cassius. Telle serait l'origine indiquée par Ulpien dans le texte suivant : « *Metus causa exceptionem Cassius* » *non proposuerat, contentus doli exceptione, quæ est* » *generalis. Sed utilius visum est etiam de metu opponere* » *exceptionem...* (3). »

Ce fragment ne nous semble pas aussi décisif. D'une part, il est très facile de l'interpréter en ce sens que Cassius est l'auteur de l'action *quod metus causa* ; cela explique fort logiquement pourquoi Ulpien fait remarquer qu'il n'a pas créé en même temps l'exception *de metu*. D'autre part l'opinion traditionnelle s'appuie sur de meilleurs arguments.

Si l'on n'a pas élevé de doutes sur l'origine de l'action *doli*, c'est à cause de l'autorité de Cicéron, dont

______

(1) Nous avons vu que l'exception *doli* n'était pas sous-entendue dans les actions *in rem* et honoraires, qui sont cependant des actions libres. V. suprà, nᵒˢ 42 et 48.

(2) V. à ce sujet, Touzaud, *Des vices du consentement*, p. 89 et 121.

(3) D. *De doli mali et m. except.* l. 4, § 33.

voici les paroles : « *Nondum enim Aquillius, collega et familiaris meus, protulerat de dolo formulas* (1) ». Or le pluriel employé pour désigner les formules sur le dol semble bien se rapporter à la fois à l'action et à l'exception.

De plus, cette supposition devient presque de l'évidence, si l'on considère que, dans l'espèce à laquelle la phrase citée sert de conclusion, c'était justement l'exception dont il aurait fallu user.

Il s'agit en effet de ce différend connu entre Cassius et Pythius. Celui-ci, à l'aide d'une supercherie, avait vendu au premier une maison de plaisance, puis un contrat *litteris* était intervenu, et les obligations avaient ainsi acquis le caractère *stricti juris*. Revenu alors de son erreur. Cassius cherchait en vain un moyen d'échapper à l'exécution du marché. Ce moyen, il l'eût trouvé dans une exception de dol insérée dans la formule de la *condictio* lors des poursuites en paiement de la dette issue de l'*expensilatio*. D'après cela, il semble difficile que Cicéron n'ait pas entendu parler de l'exception, quand il présente comme remède à une semblable situation, les formules de son collègue Aquillius.

69. Le cadre que nous nous sommes tracé (2) ne comporte pas une étude complète de l'exception *doli*. Il suffira d'indiquer les lignes générales, en appuyant davantage sur les points où il s'agit du dol proprement dit, c'est-à-dire de celui qui vicie le consentement (3).

(1) *De officiis*, l. III, 14.
(2) V. *suprà*, n° 5.
(3) V. *suprà*, n° 4.

Nous avons distribué la matière en quatre paragraphes. Nous examinerons ainsi successivement à propos de l'exception *doli* :

1. Dans quels cas il y a lieu d'user de ce mode de défense ;

2. Quels sont ses effets;

3. Contre quelles personnes on peut y recourir ;

4. Quelle est sa durée.

§ I.

70. Nous avons dit à plusieurs reprises quel large usage les préteurs firent des formules imaginées par Aquillius, et quelle extension ils donnèrent à la notion du dol. Il est inutile de revenir sur ce point; il suffira, pour faire juger de la multiplicité des cas auxquels s'appliquait l'exception *doli*, de citer l'opinion de Paul à ce sujet : « *Hanc exceptionem prætor proposuit ne » cui dolus suus per occasionem juris civilis contra natu- » ralem æquitatem prosit* (1).» Ainsi, tout acte déshonnête qui, sous le couvert du droit civil, blessait l'équité naturelle, pouvait donner ouverture à ce remède prétorien.

Toutefois, l'abus de la loi contre l'équité n'était con-

____

(1) D. *De doli mali et m. except.*, l. 1, § 1

sidéré comme entièrement accompli, qu'au moment où l'on en réclamait judiciairement la consécration. Ceci résultait de la nature même d'un mode de défense destiné à n'intervenir qu'à titre seulement d'incident de procédure. Or, comme il y avait deux façons de faire valoir ses droits en justice, il y avait aussi deux façons d'agir par dol : *petendo aut excipiendo*. A la première hypothèse correspondait l'exception de dol; à la seconde, la réplique, ou l'exception opposée à une exception.

Nous passerons successivement en revue les divers cas où l'on agit par dol *petendo*, puis *excipiendo*.

71. Le premier usage, et, si l'on s'en réfère aux notions historiques, le but originaire de l'exception *doli* est d'arrêter les demandes fondées sur un acte juridique volontaire et spécialement sur un contrat entaché de dol proprement dit, tel que celui qui était intervenu entre Pythius et Cassius. Le principe est d'ailleurs formellement posé au Digeste : « *Si quis, cum* » *aliter convenisset obligari , aliter per machinatio-* » *nem obligatus est : erit quidem subtilitati juris obs-* » *trictus, sed doli exceptione uti potest* (1). »

On voit, par là, quelle est, avant toute exécution, la position de la partie engagée dans un contrat *stricti juris*, lorsque son consentement a été altéré par les manœuvres de l'adversaire. Une fois revenue de son erreur, elle attendra les poursuites, et, pour les faire tomber, il lui suffira de réclamer l'insertion dans la

____

(1) D. *De verb. oblig.*, l. 36.

formule de l'exception *doli*. La séparation profonde qui existait, sous ce rapport, entre le contrat *stricti juris* et le contrat *bonæ fidei* ne se traduira donc plus que par une différence assez superficielle.

Peut-être, la sphère d'application primitive de l'exception *doli* se bornait-elle à amener ce résultat. Dans tous les cas, elle ne tarda pas à s'élargir. En l'absence de toute tromperie, on considérera comme un dol suffisant pour motiver l'exception, le seul fait de vouloir profiter d'une convention frustratoire : « *Cum enim quis* » *petat ex ea stipulatione, hoc ipse dolo facit, quod* » *petit.* » C'est le dol réel (1). Et l'idée qui lui donna naissance reçut son entier développement dans cette règle posée par Papinien : « *Qui æquitate defensionis* » *infringere actionem potest, doli exceptione tutus* » *est* (2). »

D'après cela, il était facile de conclure avec Ulpien que l'exception *doli* pouvait tenir lieu de toutes les autres; car c'était agir par dol que de faire sciemment une demande à laquelle s'opposait une exception quelconque : « *Et generaliter sciendum est, ex omnibus in* » *factum exceptionibus, doli oriri exceptionem : quia* » *dolo facit quicumque id quod quaqua exceptione elidi* » *potest, petit; nam et si inter initia nihil dolo malo* » *facit, attamen nunc petendo facit dolose* (3). » Envisagée sous cet aspect, notre exception prend le nom

(1) V. *suprà*, n⁰ˢ 20 et 21.
(2) D. *De doli mali et m. except.*, 1. 12.
(3) D. h. t. 1. 2, § 5.

d'*exceptio doli generalis*. Il est probable qu'elle reçut
une aussi complète extension sous le règne de Marc
Aurèle (1), lorsqu'elle fut devenue un moyen de faire
valoir la compensation : « *Dolo facit qui petit quod
redditurus est* (2). »

72. C'est une vérité connue que les rôles des parties
à un procès se trouvent intervertis, lorsque le défendeur fait valoir ses droits par voie d'exception : « *excipiendo reus fit actor*. » Dans cette nouvelle situation,
le demandeur peut, s'il juge sa cause équitable et son
adversaire de mauvaise foi, opposer à l'exception
une autre exception qui porte le nom de réplique
de dol.

Le préteur mettait ainsi à la disposition du demandeur le mode de défense dont on avait usé contre lui.
Il est digne de remarque que, la plupart du temps,
ce magistrat, en accordant la réplique, faisait échec,
non pas au droit civil, mais à ce droit prétorien dont
il était lui-même l'auteur (3). Telle était en effet la
source de la majeure partie des exceptions. L'exemple
le plus frappant est le suivant : Un créancier trompé
par son débiteur a consenti un pacte de *non petendo ;*
à l'exception prétorienne *pacti conventi*, il répondra
par la réplique de dol. D'ailleurs, il n'en est pas
moins certain que le demandeur pouvait user du
même moyen contre les exceptions d'origine civile,

(1) Molitor. *Obligations*, t. II, p. 428.
(2) D. h. t. l. 8, pr. V. *suprà*, no 10.
(3) Il en était de même lorsque l'acceptation *doli* était opposée
à une action prétorienne. V. *suprà*, no 43.

comme l'exception *legis Cinciæ* (1) ou celle tirée du Macédonien (2).

Une seule exception se trouvait à l'abri de la réplique de dol, c'était l'exception *doli* : *Adversus doli* « *exceptionem non dari replicationem doli* (3). » Conséquence directe d'un principe général en droit romain : « *Cum par delictum est duorum, semper oneratur petitor,* » *et melior habetur possessoris causa* (4). » Nous avons eu l'occasion de faire une première application de ce principe à propos des contrats *bonæ fidei* (5) ; nous en indiquerons plus loin une troisième en traitant de l'action de dol (6).

§ II.

SOMMAIRE.

72. Effets de l'exception *doli, dolus causam dans, dolus incidens ;* pouvoirs du juge.

73. Les termes de l'exception *doli* nous sont connus. Lorsqu'il l'accordait, le préteur insérait dans la formule, probablement entre l'*intentio* et la *condemnatio*, la phrase suivante : « *Si in ea re nihil dolo malo (actoris)* « *factum sit, neque fiat* (7). »

Le juge se trouvait donc autorisé à prendre en considération, non seulement le dol qui, dès son origine

______

(1) D. *De doli mali et met. except.* l. 5, § 2.
(2) D. h. t. l. 4, § 14.
(3) D. h. t. l. 4, § 13.
(4) D. *De regulis juris.* l. 154.
(5) V. *suprà*, n. 62, *a.*
(6) V. *infrà*, n° 91.
(7) Gaïus IV, 119 ; D. *De doli mali et met. except.* l. 2, § 1.

avait vicié le droit allégué ; mais encore, nous l'avons dit au paragraphe précédent, le seul fait d'intenter sciemment une demande contraire à l'équité, quoique légale.

Voici maintenant la question importante. Une fois l'existence du dol constatée, quels sont les pouvoirs du juge ? Sans aucun doute, il puise dans la formule d'action le droit de prononcer l'entière absolution du défendeur ; mais peut-il aussi se borner à diminuer le montant de la condamnation en proportion de l'importance du dol ?

Les controverses qui se sont élevées sur ce sujet présentent à plus d'un égard une portée pratique considérable. Il s'agit en effet de savoir si, là encore, le juge pouvait tenir compte de la distinction entre le *dolus causam dans* et le *dolus incidens*, ce qui serait si la sentence comportait aussi bien une annulation partielle qu'une complète rescision de l'acte juridique. Il s'agit également de déterminer l'effet de la compensation obtenue au moyen de l'*exceptio doli* ; était-il permis au juge d'opérer la balance entre les dettes et les créances respectives et de ne condamner le défendeur qu'au reliquat ?

La solution est, croyons-nous, facile à donner pour toute une catégorie d'actions, celles dont la formule contient une *condemnatio incerta*. En vertu de ces mots : *quanti ea erit*, ou bien, *quidquid ob eam rem dare facere oportet*, le juge saisi de la *condictio*, possède déjà le droit de fixer le montant de la condamnation d'après son appréciation personnelle ; l'exception de dol une fois insérée, ce droit subsiste *a fortiori* ; rien ne s'oppose donc à ce qu'il en soit fait usage pour modérer la condamnation, si le dol n'est pas assez important par entraîner l'absolution. Dans le cas où il s'agirait non d'une *condictio*, mais d'une action *in rem*, les choses se passeraient d'une façon un peu différente ; si le juge ne croit pas devoir absoudre, il tiendra compte du dol dans la détermination de son *arbitrium*, car cela se fait *ex æquo et bono*, mais il n'a pas à modérer la condamnation : celle-ci en effet suppose que le défendeur refuse d'exécuter le *jussus;* or en présence de cet acte de mauvaise foi, il n'y a aucune raison pour faire échec à la règle ordinaire (1).

Notre question n'offre de difficultés que si l'action a une *condemnatio certa*, et cela ne se présente que pour la *condictio certæ pecuniæ* (2). L'alternative est alors celle-ci : *Si paret, condemna; si non paret, absolve ;* condamnation ou absolution, il n'y a pas de milieu. En sera-t-il encore ainsi après l'insertion d'une exception *doli* dans la formule? Nous ne le pensons pas. L'exception, nous dit Gaïus ; *formulæ inseritur ut conditionalem faciat condemnationem* (3). La condamnation est dès lors affectée d'une condition ; et Paul nous révèle quelle est la nature de cette condition : *Conditio quæ modo eximit reum damnatione, modo minuit damnatio-*

(1) Le montant de la condamnation est fixé par le demandeur lui-même, après *juramentum in litem*.

(2) Nous ne mentionnons pas les actions ayant pour objet la poursuite d'une peine pécuniaire dont le taux est fixe, car une exception y sera bien difficilement insérée.

(3) Gaïus. *Comment.* IV, § 119.

nem (1). Le juge a donc le pouvoir de régler à son gré
le montant de la condamnation. Rien de plus logique,
du reste, car, d'une part, l'exception de dol lui soumet
une question d'appréciation qui se concilierait difficilement avec une *condemnatio certa*; d'autre part, il
serait contraire à la nature d'un remède prétorien donné
au nom de l'équité, d'aboutir à ce rigorisme de formes
cause ordinaire des décisions injustes.

§ III.

SOMMAIRE.

74. Contre quelles personnes peut-on recourir à l'exception *doli*?
Règle tirée des principes sur le dol indirect.
75. Dérogations à la règle. Ayants cause, distinction ; représen-
tants.
76. Dérogations en sens inverse. Exception *in factum*.

74. C'est une conséquence directe des principes
posés à propos du dol personnel (2), que l'exception *doli*,
pour produire son effet, doit être opposée à un demandeur ayant participé aux manœuvres frauduleuses.
L'exception échouerait si le défendeur victime d'un
préjudice injustement causé essayait d'y recourir contre
un adversaire qui, tout en étant resté complètement
étranger au dol, lui a peut-être dû l'acquisition de ses
droits.

Les textes sont à cet égard très explicites, ils nous
indiquent que le fond rejaillit sur la forme; l'excep-

(1) D. *De exceptionibus*, 1. 22.
(2) V. *suprà*, n°s 17, 18 et 19.

tion sera rédigée : « *Non in rem, si in ea re dolo malo*
» *factum est ; sed sic, si in ea re nihil dolo malo actoris*
» *factum est; docere igitur debet is, qui objicit exceptio-*
» *nem, dolo malo actoris factum; nec sufficiet ei, osten-*
» *dere in re esse dolum* (1) ».

Il convient de rappeler ici les différences qui ont
été signalées (2) entre les effets du dol et ceux de la
violence. Elles se traduisaient par ce fait que l'exception *metus causa* était *in rem scripta* : « *Si in ea re*
nihil metus causa factum est ». Primitivement, les
Romains, considérant la violence comme un dol accompagné de circonstances aggravantes (3), avaient jugé
l'exception *doli* suffisante. Mais pour obtenir une répression plus complète, ils crurent utile, dans la suite, d'in-
troduire une exception spéciale d'une application aussi
étendue que possible (4).

En ce qui concerne le défendeur qui se prétend
injustement lésé et oppose l'exception *doli*, il n'y a
point à rechercher si le dol a été dirigé contre lui personnellement ou contre tout autre. L'exception qui
était *in personam* passivement, est *in rem* activement :
» *Plane ex persona ejus qui exceptionem objicit, in rem*
» *opponitur exceptio : neque enim quœritur adversus*

(1) D. *De doli mali et m. except.* l. **2**, § 1.
(2) V. *suprà* n° 18.
(3) Il y a cependant entre le dol et la violence une différence
bien marquée et presque essentielle; l'un et l'autre, sans doute,
agissent sur la volonté, mais l'un en produisant l'erreur, l'autre la
crainte (V. *suprà*, n° 2). Toutefois, dans le sens large du mot, il y
a dol à vouloir profiter d'un droit obtenu par violence.
(4) D. h. t. l. 4, § 83.

» *quem commissus sit dolus, sed an in ea re dolo malo*
» *factum sit a parte actoris* (1) »

Comme conclusion finale, on peut donc poser la règle suivante : Pour qu'un demandeur soit repoussé par l'exception *doli*, la condition nécessaire et suffisante (2) est qu'il ait participé au dol.

Cette règle, toutefois, n'est pas sans exceptions ; elle en comporte, au contraire, dans deux sens différents.

75. Il existe un certain nombre d'hypothèses dans lesquelles il est permis d'user de l'exception contre une personne restée étrangère à l'acte dolosif. Le texte que nous citions à propos de la rédaction *in personam* de la formule et de la nécessité du *dolus malus actoris*, ajoute :

« *Aut si alterius dicat dolo factum, eorum personas spe-*
» *cialiter debebit enumerare ; dummodo hæ sint, quarum*
» *dolus noceat.* »

Nous devons rechercher quelles sont les personnes que l'on peut rendre responsables du dol commis par un tiers.

Nous trouvons en premier lieu toute une catégorie d'ayants cause. La règle : « *Non debeo melioris condi-*
» *tionis esse, quam auctor meus a quo jus in me tran-*
» *sit.* (3), » reçoit son application d'après une distinc-
tion assez équitable. S'agit-il d'un successeur à titre gratuit, tel qu'un héritier, un légataire ou un donataire?

(1) D. h. t. l. 2, § 2.
(2) Cela est si vrai, que l'on peut exciper du dol d'un pupille *pubertati proximus*, ou d'un furieux ayant agi dans un intervalle lucide, s'ils viennent à intenter une poursuite. D. de d. m. ex., l. 4, § 26.
(3) D. *De reg. juris*, l. 175, § 1.

il ne serait pas juste qu'il pût trouver dans le dol de son auteur une occasion de s'enrichir aux dépens d'autrui ; l'exception lui sera donc opposable. S'agit-il au contraire d'un acquéreur à titre onéreux ? comme un prix où l'équivalent a été fourni, il ne saurait être question, d'enrichissement aux dépens d'autrui. Un préjudice devra être supporté soit par l'acquéreur, soit par la victime du dol ; or, entre les deux, on juge cette dernière moins digne d'intérêt, car dans une certaine mesure, elle est en faute pour s'être laissée tromper (1). En principe, l'exception sera refusée contre le tiers acquéreur à titre onéreux. Toutefois c'est aux conditions suivantes : il devait être de bonne foi, lorsque l'auteur du dol lui a cédé ses droits ; il n'a pas retiré de son marché quelque avantage disproportionné, sinon l'exception aboutirait dans la mesure où l'acquisition a été *lucrativa*; enfin le succès de son procès ne doit pas surtout profiter à celui dont il est l'ayant cause. C'est pour cette dernière raison que le créancier subira l'exception de dol, s'il intente une action au sujet des choses qui lui ont été livrées en gage on abandonnées noxalement (2).

On peut, en second lieu, être tenu du dol commis par autrui, en vertu des principes sur la représentation légale ou conventionnelle d'une personne par une autre.

(1) Mais, à défaut de tout autre moyen, elle pourra se faire indemniser par l'action *doli*.

(2) Ces divers principes sur la responsabilité des ayants cause de l'auteur du dol sont contenus dans les § 27 à 3?, loi 4. D. *De doli mali et m. except.*

Le père de famille ou le maître sont responsables du dol des enfants ou des esclaves soumis à leur puissance, du moins dans les limites où ceux-ci les représentent, c'est-à-dire s'ils ont agi *quod jussu* ou bien *ex peculiari causa* (1).

Le dol du mandant, celui du *dominus*, sont opposables au mandataire et au procureur, et inversement (2).

De même, il est permis d'user contre le pupille d'une exception tirée du dol de son tuteur. Mais cette exception ne produira d'effet que *quatenus locupletior factus est* (3).

76. En sens inverse, l'exception *doli* n'est pas toujours accordée contre l'auteur du dol. Ce moyen de défense, bien qu'il ne soit pas infamant, est considéré comme injurieux pour le demandeur ; on le refuse donc au défendeur qui serait tenu à des devoirs révérencieux envers son adversaire.

Dans cette catégorie d'adversaires, on range les parents, les patrons, et même les héritiers du patron, du moins en ce qui concerne le dol de leur auteur :

______

(1) D. h. t. 1. 4, § 17.

(2) D. h. l. t. § 18 et 19. On doit remarquer que, dans l'hypothèse prévue par le § 18, celle du dol du *procurator*, il n'y a pas en apparence de dérogation à notre règle ; c'est en effet lui-même qui est demandeur, et c'est aussi son dol personnel qui lui est opposé. Le cas ne présente de particularité que parce que le procureur exerce l'action d'un autre ; il semblerait donc qu'on ne pût lui opposer que le dol de ce dernier. Pour ce motif, si la procuration n'est pas générale ou *in rem suam*, le représentant ne répondra pas de son dol antérieur à la *litis contestatio* (i. h. t. 1. 11, pr.).

(3) D. *De doli mali et m. except*, 1. 4, § 23, 24 et 25 ; V. *infrà*. n° 97, note.

« *Namque convenit tam vivo, quam mortuo patrono a li-*
» *berto honorem exhiberi* (1) ».

Néanmoins ces personnes ne pourront pas, grâce à leur position, bénéficier de leur mauvaise foi. Le défendeur leur opposera une exception rédigée *in factum*; c'est-à-dire précisant, sans employer de termes blessants, le fait qui s'oppose à l'exercice du droit allégué.

Notons que l'exception *in factum* est en quelque sorte l'opposé de l'exception *doli*. En principe (2), lorsqu'une demande blesse l'équité, mais qu'elle est introduite de bonne foi par un plaideur ignorant, on ne peut exciper *de dolo*, mais bien *in actum* : « ... *Petendo facit* » *dolose; nisi si talis sit ignorantia in eo, ut dolo ca-* » *reat* » (3).

§ IV.

SOMMAIRE.

77. L'exception est perpétuelle, texte de Paul, interprétation.
77 *bis.* Observations relatives à la règle : *Quæ temporalia sunt ad agendum perpetua sunt ad excipiendum.*

77. L'exception de dol est perpétuelle. Le jurisconsulte Paul nous l'apprend dans un texte où il oppose l'exception à l'action *doli*, laquelle est temporaire : « *Non sicut de dolo actio certo tempore finitur,* » *ita etiam exceptio eodem tempore danda est; nam* » *hæc perpetuo competit : cum actor quidem in sua*

(1) D. h . t. l. 4, § 16.
(2) Sauf les cas prévus au numéro précédent.
(3) D. h. t. l. 2, § 5 ; *De reg. juris*, l. 177, § 1.

» *potestate habeat, quando utatur suo jure; is autem*
» *cum quo agitur, non habeat potestatem quando con-*
» *veniatur* (1) ».

On voit que le jurisconsulte donne pour raison de
cette imprescriptibilité, que la victime du dol ne peut
user de son exception quand bon lui semble et qu'elle
doit attendre les poursuites de son adversaire.

Dans le but de faire ressortir l'importance de ce
motif, les commentateurs ont coutume d'observer que
le titulaire de l'exception *doli* est privé de tout autre
recours. Et en effet, disent-ils, le caractère subsidiaire
de l'action *doli* s'oppose à ce que ce dernier, déjà muni
d'un moyen de défense, puisse recourir à celui-ci et
prendre les devants. Dès lors, il faut bien que l'exception soit perpétuelle, car on ne peut accuser le défendeur d'aucune espèce de négligence et il serait
injuste que l'auteur du dol, à condition d'attendre un
certain temps, soit assuré du succès de sa demande.

Les interprètes qui raisonnent de la sorte semblent
perdre de vue qu'il y a, en droit romain, d'autres
moyens d'atteindre le dol que l'exception et l'action
doli. La partie lésée aura assez fréquemment, outre le
droit de résister par l'exception, celui d'attaquer par
la *condictio*, et s'il faut en croire M. de Savigny (2),
elle aura toujours celui d'intenter l'action *in factum*,
qui n'a rien de subsidiaire.

Si donc, comme Paul le donne à entendre, l'ab-

(1) D. *De doli mali et m. except.* l. 5, § 6.
(2) De Savigny, t. V, § 255, p. 460, V. *infrà*, n⁰ 97, note.

sence de toute négligence est l'une des causes de l'imprescriptibilité de l'exception, c'est plutôt parce que l'on ne peut reprocher sérieusement à la victime du dol de n'avoir pas agi alors qu'elle était en possession et avait la jouissance des droits qui eussent fait l'objet de sa demande (1).

77 bis. Nous observons également que la règle : *Quæ temporalia sunt ad agendum, perpetua sunt ad excipiendum*, vraie, si l'on se borne au contraste de l'action et de l'exception *doli*, ne saurait cependant, prise avec toute sa généralité, trouver son fondement dans le texte cité. Au temps de Paul, en effet, la *condictio* et l'action *in factum* étaient aussi perpétuelles que l'exception avec laquelle elles concouraient ; il n'est donc pas permis de dire : *Quæ temporalia sunt ad agendum*.

De plus, nous avons démontré que cette règle ne pouvait avoir la raison d'être qu'on lui prête ordinairement, à savoir : la prétendue impossibilité d'exercer une action, tant que l'on est titulaire de l'exception.

(1) De Savigny, § 254, p. 454.

CHAPITRE VI

DES *condictiones* EN TANT QU'ELLES PEUVENT CONS-
TITUER UNE ARME CONTRE LE DOL.

78. Les divers modes d'obtenir réparation du dol
étudiés jusqu'ici appartiennent à deux classes : les uns
résultent d'une convention tacite (actes *bonæ fidei*) ou
expresse (*clausula doli*) des parties ; les autres interviennent sans aucun accord de leur part, mais seulement par voie d'exception. Reste une troisième classe,
celle où la réparation est obtenue par voie d'action.

Bien qu'il y ait là une grave dérogation aux règles
ordinaires du droit et que rien ne soit plus éloigné du
but normal de l'action que de détruire la force attachée aux actes juridiques, cependant nous voyons
qu'un pareil résultat pouvait être atteint au moyen
d'actions civiles au premier chef, de *condictiones*.

Nous allons, dans ce chapitre, examiner comment
et dans quels cas les *condictiones* pouvaient servir
d'armes contre le dol. Un premier paragraphe sera
consacré à démontrer que le rôle assigné à ces actions
découle du principe même de leur formation et surtout du développement qu'il reçut dans la suite. Un
second paragraphe contiendra une étude spéciale

d'une importante application de la *condictio*, dans cet ordre d'idées, à propos du paiement entaché de dol.

§ I

79. — Nous adoptons comme point de départ l'idée fondamentale de M. de Savigny (1) sur la nature de la *condictio* ; nous voyons là une action destinée avant tout à suppléer à la perte de la revendication (2).

Créée sans doute comme condition de l'aliénation *pleinement consentie* du droit de propriété qui a lieu dans le prêt, la *condictio* ne devait pas demeurer une simple conséquence d'un contrat réel. Probablement à la suite d'un développement chronologique dont il nous est impossible de fixer les dates, elle put naître en dehors de tout contrat (3), et forma la compensation de la perte *non consentie* du droit de propriété. Le possesseur de bonne ou mauvaise foi auquel

(1) *Traité de droit romain*, t. V, app. XIV.
(2) *Id.*, § 5.
(3) Nous ne parlerons pas ici, car ce serait en dehors de notre sujet, des *condictiones* résultant de l'*expensilatio* et de la stipulation. Observons seulement que leur existence ne fait nullement échec au principe posé comme point de départ ; car les contrats d'où elles résultent peuvent très bien être envisagés comme des prêts fictifs (et l'utilité de cette fiction est justement de faire naître la *condictio*). V. de Savigny, *Id.*, §§ 9 et 10.

ce fait était imputable (1), fut passible d'une *condictio* que nous qualifierons, avec certains textes, de *sine causa*. Sans cause, car l'extinction du droit de propriété ne correspondait pas (2), comme la justice l'aurait voulu, à la création d'un autre droit.

Cette condictio *sine causa* s'appliqua également au cas où la perte du droit de propriété avait été consentie, mais *consentie pour une cause fausse*. La cause étant fausse, il était juste de dire qu'en réalité il n'y avait pas de cause. Si par exemple on a aliéné une chose dans le but d'obtenir un droit de créance et que, par suite de l'inobservation des formes, l'acquéreur ne se trouve pas obligé ; on aura contre lui cette *condictio ob rem dati* qui constitue un moyen détourné d'arriver à l'exécution des contrats innomés : *do ut des* et *do ut facias*. Ou bien encore, si l'on a fait une dation quelconque, en se proposant d'acquitter ainsi une obligation à laquelle on se croyait tenu et qui n'existait pas : ce prétendu paiement donnera naissance à la *condictio indebiti*.

Enfin, et spécialement à propos de *l'indebitum* (3), le principe même des *condictiones* reçut une certaine extension. On reconnut que cette action pouvait naître

(1) C'est par exemple un dépositaire, un mandataire, un associé, etc., qui consomme la chose qui lui est confiée, ou qui l'aliène, si cette aliénation est suivie d'une perte par cas fortuit (de Savigny, *Id.*, §§ 6 et 8).

(2) **Avant** que la *condictio* fût accordée.

(3) De Savigny, *Id.*, § 7. Du reste, cette extension ne se borna pas à *l'indebitum*; l'une de ses conséquences fut l'admission de la *condictio* dans les hypothèses : *facio ut des* et *facio ut facias* de la théorie des contrats innomés (Accarias, t. II, n° 649).

à la suite d'une prestation autre qu'une aliénation de propriété. Il fut même permis de *condicere obligationem* (1), c'est-à-dire d'intenter une *condictio* afin d'obtenir décharge d'une obligation consentie *sine causa*.

Dès lors, il n'est pas exact de dire que la *condictio* a pour but unique de suppléer à la perte de la revendication. Elle nous apparaît en effet, bien qu'il soit téméraire de le poser en règle générale, comme une compensation offerte à celui qui aliène un droit ou qui s'oblige sans cause ou sur fausse cause : *sine causa*.

Il importe de ne pas se méprendre sur le sens du mot *causa* ; on ne doit pas entendre par là un motif quelconque, mais bien *un résultat juridique à obtenir*. Celui-là aura la *condictio*, qui, en aliénant ou en s'engageant, croyait à tort acquérir un droit ou bien éteindre une obligation.

80. D'après ces notions sur la nature et le rôle des *condictiones*, il est facile de comprendre comment elles peuvent servir à atteindre le dol.

Si nous suivons l'ordre que nous avons assigné à leur développement ; nous trouvons d'abord en elles une arme contre les possesseurs de mauvaise foi auxquels la perte du droit de propriété est imputable. Puis, lorsque la perte de ce droit a été consentie, mais pour une cause fausse, le dol devient plus caractérisé. L'erreur qui a déterminé la volonté peut très bien être le résultat des manœuvres de l'adversaire ; et alors la *condictio* qui renversera la dation *ob rem* ou le paiement ne différera guère d'une action *doli*. Enfin, et *a fortiori*,

____
(1) D. *De condic. sine causa*, 1. 1, pr., 1. 3.

il en sera de même, si la *condictio* est dirigée contre une obligation contractée *sine causa*. Ici encore il y a erreur, par conséquent il y aura sonvent tromperie.

Observons que, dans cette dernière hypothèse, on aura ordinairement le choix entre la *condictio* et l'exception *doli* (1). Si l'on préfère s'en tenir à cette dernière, on attendra, pour l'opposer, les poursuites du créancier.

§ II

81. Dol dans le paiement; deux hypothèses.
82. Importance acquise par la *condictio indebiti*, à la suite de la création de l'exception *doli*. Contrats *stricti juris*.
83. *Condictio jurtiva*.

81. Un paiement peut se trouver vicié par le dol, de diversesfaçons. Nous distinguerons deux cas principaux.

(*a*) On a payé une dette qui n'existait pas. La *condictio* naîtra à la seule condition qu'il y ait eu *erreur*. Or, il y aura dol bien caractérisé toutes les fois que cette erreur sera la conséquence de manœuvres destinées à tromper. Il y aurait encore dol *lato sensu*, si seulement le faux créancier était de mauvaise foi lorsqu'il a reçu le paiement.

(1) Parfois, on aura la *condictio,* mais pas l'exception. Si par exemple un délégataire est véritablement créancier du déléguant, le délégué qui se serait engagé par erreur sans être débiteur du déléguant, ne pourrait cependant opposer l'exception *doli,* parce que le délégataire *suum recepit*; il devrait se contenter de sa *condictio* contre le déléguant. Toutefois l'exception *doli* serait opposable, si le délégataire avait recouru ou participé à une tromperie, ou bien encore s'il n'était pas réellement créancier du déléguant : *quia suum non recepit* (D. *De novat. et deleg.*, l. 12 et 13; *De doli mali et met. except.*, l. 7, § 1).

b) On a payé une dette qui existait mais qui provenait d'un acte juridique entaché de dol. On jouira encore de la *condictio* toutes les fois qu'à la demande de paiement on aurait pu opposer l'exception *doli*. Et en effet, on était : *tutus exceptione perpetua.* Nous supposons, cela est entendu, qu'au moment de s'acquitter le débiteur n'avait pas découvert le dol ; car il doit y avoir de sa part une erreur, et une erreur de fait.

82. On voit par là combien la création de l'exception prétorienne de dol rejaillit sur l'action civile *de condictio indebiti* et quelle extension elle lui donna. Désormais la réparation du dol dans les contrats *stricti juris* se trouva à peu près complètement assurée. Avant l'exécution, la partie lésée était protégée par l'exception *doli*; après l'exécution, de deux choses l'une : ou elle agi en connaissance de cause, renonçant implicitement à se prévaloir du vice légal, ou bien elle s'est encore déterminée sous l'influence de l'erreur; dans ce dernier cas la *condictio* lui servira de recours. L'action *dol*, avec son caractère subsidiaire sera donc d'une application bien peu fréquente en cette matière. Nous le croyons d'autant plus qu'il serait faux de dire avec M. Vernet (1) que l'objet de la *condictio* se borner à l'enrichissement de l'*accipiens*. Cette action dirigée contre un défendeur de mauvaise foi, tel que l'auteur du dol, embrasse en effet toute la valeur reçue et ses accessoires (2).

(1) *Textes choisis sur les obligations*, appendice, p. 236.

(2) D. *De cond. ind.*, 1. 15, pr.; 1. 65, § 8. Cependant la *condictio* pourra ne pas fournir à la victime du dol un dédommagement

83. Cela nous amène à rechercher quelle espèce de *condictio* sera accordée au demandeur. Il est certain que la *condictio indebiti* se transformera assez souvent en *condictio furtiva*. Mais il est difficile de fixer une règle sur ce point. Les textes ne sont pas d'accord. M. Accarias (1) estime toutefois que l'opinion de Papinien et d'Ulpien dut prévaloir. D'après ces jurisconsultes, la réception de l'indû rentre dans le *furtum* si elle a été obtenue à l'aide de manœuvres frauduleuses. Pour être réputé voleur, il ne suffirait pas d'avoir accepté sciemment. Le créancier, par exemple, qui a pour titre un contrat entaché de dol, n'est passible que de la *condictio indebiti* s'il reçoit son paiement sans recourir à de nouvelles tromperies.

Dans l'hypothèse où il y a *furtum* la propriété n'est pas transférée. On pourra donc revendiquer les objets livrés tant qu'ils n'auront pas été consommés et demeureront reconnaissables. D'ailleurs outre la revendication on a toujours la *condictio furtiva* qui est plus avantageuse. On doit observer que c'est là une dérogation au principe posé plus haut; la *condictio* ne supplée ni à la perte de la revendication, ni même à celle d'aucun droit (2).

aussi complet que l'action *doli* ; cela se présentera surtout s'il s'agit d'une somme d'argent, les intérêts ne sauraient être exigés au moyen de la *condictio* (C. *De cond. ind.*, 1. 1). Mais l'action *doli* ne sera pas admissible pour cela, car une fois écartée par l'existence d'un autre recours, elle ne peut, en général, être reçue pour le surplus du dommage (V. p. 135, note 1).

(1) *Précis de droit romain*, p. 591, note 3.

(2) De Savigny, t. V, app. xiv, § 15.

CHAPITRE VII

DE L'ACTION DE DOL ET DE L'ACTION *in factum*
QUI LA REMPLACE

SOMMAIRE

84. Création de l'action du dol, division.

84. Le droit civil nous a offert un premier exemple de répression du dol par voie d'action. Le droit prétorien nous en fournit un second.

Il entrait bien dans la mission du préteur d'assurer d'une façon définitive le triomphe de l'équité, en instituant une action qui pût servir de remède suprême au cas où les moyens déjà énumérés eussent été insuffisants. L'honneur de cette innovation revient, nous l'avons dit (1), à Aquillius Gallus, l'auteur des formules *de dolo*.

Il est remarquable que la création concomitante de l'exception eut pour effet de diminuer notablement le domaine éventuel de l'action *doli*. Ce résultat fut la suite de l'extension donnée par contre-coup à la *condictio*, extension qui a été indiquée au chapitre précédent (2).

(1) V. *suprà*, n° 67.

(2) Pour ne citer qu'un exemple, si Cassius avait acquitté la créance de Pythius sans découvrir le dol dont il était victime, avan les innovations d'Aquillius il aurait eu besoin d'une action *doli*. Mais après, cette dernière se serait trouvée inutile, car le seul fa

Bien que la sphère d'application de l'action *doli* ne soit pas aussi étendue qu'on aurait pu le croire *a priori*, cependant l'étude de ce dernier recours offert à la victime du dol présente un grand intérêt et mériterait de longs développements. Mais, en y entrant, nous excéderions les limites assignées à notre sujet. Nous nous bornerons donc à examiner rapidement dans cinq paragraphes :

    1° A quelles conditions on pourra faire usage de l'action;

    2° A qui et contre qui elle sera accordée;

    3° Quels effets elle produira;

    4° Quelle est sa durée;

    5° En quoi consiste l'action *in factum* qui la remplace.

§ I

SOMMAIRE

85. Deux conditions mises par l'édit à l'exercice de l'action.

A. — **86.** Caractère subsidiaire de l'action, sa raison d'être.

87. Portée de l'expression : *si alia actio non erit.*

88. Exceptions, l'une réelle, les autres apparentes.

89. Sphère d'application de l'action *doli*, contrats *stricti juris*, adition et répudiation d'hérédité, dol indirect, actes libératoires.

B. — **90.** Liberté d'appréciation du préteur. *Causæ cognitio.*

85. En raison de la grave dérogation qu'elle apporte à l'économie générale du droit; l'action *doli* n'était accordée par le préteur que moyennant deux condi-

du paiement (*tutus exceptione perpetua*) lui eût donné droit à la *condictio.*

tions indiquées dans l'édit : « *Si de his rebus alia actio non erit et justa causa esse videbitur* (1). »

Il faut donc, en premier lieu, qu'il n'y ait pas d'autre recours. Et cela ne suffit même pas ; le magistrat, avant de délivrer la formule, devra procéder à un examen préalable de l'affaire, à une *causæ cognitio.*

A. — ' 6. *Si de his rebus alia actio non erit.* Telle est la première condition mise à l'exercice de l'action *doli.*

Ulpien rend compte en ces termes des raisons qui déterminèrent le préteur à établir cette règle : « **Me-** » **rito** *prætor ita demum hanc actionem pollicetur si alia* » *non sit, quoniam famosa actio non temere debuit a* » *prætore decerni* » (2). Nous ne croyons cependant pas que l'infamie qui s'attache à l'action soit la cause principale de son caractère subsidiaire. Le préteur avait des motifs plus graves pour décider de la sorte. D'abord, la raison d'être de son intervention est justement que la procédure ordinaire n'offre aucun moyen de réparer l'injustice commise (3). De plus, comme cette action était fondée sur l'équité, il eût été à craindre qu'on ne s'en servît pour remplacer toutes les autres et que l'économie du droit ne fût ainsi bouleversée (4). En un mot, le magistrat chargé de rendre la justice ne voulait toucher à ce monument des lois

(1) D. *De dolo malo,* l. 1, § 1.
(2) D. *De d. m.,* l. 1, § 4.
(3) V. *suprà* n° 9.
(4) V. *suprà* n° 10.

positives dont il était le gardien : « *juris civilis custos* » (1), que dans le cas d'absolue nécessité.

87. Il importe d'apprécier exactement la portée de
ces mots : *si alia actio non erit*. Ils sont pris dans le
sens le plus général, et doivent s'entendre de toute
voie de réparation : action civile ou honoraire, exception, interdit, *restitutio in integrum* (2).

Pour écarter l'action *doli*, il suffit même que l'on
ait eu, à un moment quelconque, l'un de ces recours
à sa disposition ; l'aurait-on ensuite perdu en faisant
une remise expresse ou bien en laissant écouler
les délais (2). En effet, à moins de supposer un nouveau dol, on est en faute de ne pas avoir usé de son
droit.

Enfin, il n'y a pas non plus à examiner si le moyen
à l'aide duquel on obtient satisfaction est dirigé contre
l'auteur du dol ou contre un tiers (4).

Toutefois, les termes de l'édit ne doivent pas être
entendus trop littéralement. Ils ne s'appliquent que si
l'on peut exercer un recours réellement efficace. Aussi
l'action *doli* ne serait pas écartée par un droit de poursuite qui ne pourrait aboutir en raison de l'insolvabi-

(1) Cicéron, *De legib.*, III, 3.

(2) D. *De d. m.*, l. 4, § 4, § 6. En ce qui concerne la priorité sur l'action *doli* des autres remèdes prétoriens et notamment de l'*in integrum restitutio* qui est elle-même subsidiaire, il est incontestable
que la raison tirée de l'infamie a une importance capitale. Mais ici
encore le préteur avait d'autres motifs, d'abord la plus grande
simplicité de certains recours tels que l'exception, ensuite la crainte
de bouleverser sa propre législation.

(3) D. *De d. m.*, l. 4, §§ 6 et 7.

(4) D. h. t. l. 4, § 8 ; l. 2, 3 et 4.

lité du *reus* (1), ou bien sur l'existence duquel on aurait des doutes (2).

88. L'action *quod metus causa* créée postérieurement à l'action de dol échappe à la règle qui vient d'être posée. La victime de la violence a le choix entre l'action *quod metus* non infamante, mais donnée au quadruple, et l'action *doli* donnée seulement au simple, mais infamante.

Un certain nombre de textes pourraient faire croire que le caractère subsidiaire de l'action *doli* avait à subir d'autres atteintes. Mais il est plus probable qu'il y a seulement là une contradiction apparente à laquelle on peut assigner deux causes. D'abord, l'inadvertance des jurisconsultes employant le mot : *de dolo actio*, dans le sens générique d'une poursuite motivée par le dol (3). Ensuite, une erreur de compilation d'où est résultée l'admission de textes vieillis par suite de l'introduction de nouveaux recours pouvant suppléer à l'action *doli*.

89. Il est impossible de classer dans un ordre mé-

----

(1) D. h. t. l. 6; l. 7, § 6. Ce dernier texte prévoit une hypothèse dans laquelle le *reus* insolvable peut néanmoins faire un abandon noxal, et alors l'action de dol serait refusée même pour le surplus du dommage : *in id, quod excidit.* Cette décision motivée par les principes du droit romain sur l'abandon noxal, semble indiquer, *à contrario*, que l'on pouvait quelquefois employer la *doli actio* comme complément d'une autre action insuffisante.

Nous croyons que, sauf le cas d'une insuffisance exceptionnellement préjudiciable, le principe : *si alia actio non erit*, fera obstacle à l'exercice de l'action *doli*. (De Savigny, t. V, app. xiv, n° 33, p. 595.)

(2) D. h. t., l. 7, § 3.

(3) V. *suprà*, n° 54, note 4.

thodique les divers cas d'application de l'action *doli*.
C'est à tort qu'on l'a présentée comme le seul moyen
d'obtenir réparation dans les contrats *stricti juris* une
fois exécutés ; le silence des textes à cet égard est
assez significatif, et nous avons vu (1) que la *condictio
indebiti* était, sauf exceptions, le remède à employer
en semblable hypothèse. Malgré cette restriction, le
domaine de l'action *doli* demeure encore fort important ; il s'étend, le titre *de dolo malo* en fournit des
preuves, à une infinité de matières. Rien n'est plus
logique, puisque le préteur a créé cette action, dans le
but de réparer toutes les imperfections de la législation positive (2).

Nous nous bornerons à citer quelques exemples.

a) Si l'on a répudié une hérédité, ou bien fait adition sous l'influence de manœuvres dolosives, le recours
normal est l'action *doli*. On l'emploiera toutes les fois
que l'on ne pourra se défendre entièrement par voie
d'exception (3).

b) Assez fréquemment le dol indirect ne pourra être
atteint que par le moyen de l'action *doli*. La loi 18, § 3, D.
De dolo malo, nous en fournit un exemple remarquable au
sujet du contrat de vente : Un tiers a été chargé de
peser les marchandises avant leur livraison et sciemment il a usé de faux poids. Si le vendeur se trouve
lésé, il exercera la *condictio indebiti* pour ce qu'il a
payé en trop. Si l'acheteur n'a pas reçu la quantité

<hr>

(1) V. *suprà* nº 82.
(2) V. *suprà* nº 9 *in fine*.
(3) D. h. t. l. 9, § 1 ; l. 40. V. *infrà* nº 101 *b*.

promise, l'action *empti* lui permettra d'obtenir le surplus. Il ne semble pas qu'il y ait place pour l'action *doli*. Celle-ci cependant serait le seul recours, si les parties avaient fait du pesage chez un tiers une condition de la vente ; car il n'y aurait alors ni plus ni moins que l'exécution du contrat. Telle est l'opinion de Paul sur cette question.

c) Le dol pratiqué dans les actes libératoires peut également donner lieu à l'action *doli*.

Nous ne parlons pas du pacte *de non petendo* auquel il suffira d'apposer la *replicatio doli*.

En ce qui concerne l'acceptilation, il faut distinguer. Si les manœuvres ont produit une erreur sur la cause(1), on aura la *condictio*. Si l'erreur porte seulement sur les motifs il faudra recourir à l'action *doli* (2).

En matière de contrats *bonæ fidei*, on pourrait croire que le *contrarius dissensus*, s'il est le résultat du dol, ne fait pas obstacle à l'exercice de l'action du contrat. On doit (3) cependant décider le contraire et admettre l'usage de l'action *doli*. C'est là d'ailleurs une conséquence de la validité originaire des actes juridiques entachés de dol.

B. — 90. La seconde condition mise à l'exercice de

(¹) Si, par exemple, on se croyait tenu à libérer en vertu d'un testament, ou bien encore si l'on a voulu faire un contrat *facio ut des vel ut facias* (avant l'époque où les contrats innomés furent sanctionnés par une action), en un mot, si l'on a cru à tort acquérir un droit ou éteindre une obligation. V. *suprà* n° 79.

(2) D . h. t. l. 38.

(3) En effet l'analogie est évidente avec la loi 21, § 4. D. *Quod metus causa.*

l'action *doli* n'est que la conséquence du droit d'appréciation réservé au magistrat par l'édit : « *Si justa causa esse videbitur.* » Le préteur, s'inspirant toujours des mêmes principes, ne veut pas, sans de graves raisons, accorder une action qui porte à la législation établie une profonde atteinte et entraîne l'infamie : « *Merito* » *causæ cognitionem, prætor inseruit. Neque passim hæc* » *actio indulgenda est. Nam ecce in primis, si modica* » *summa sit* (1). »

Comme l'indique le texte, la *causæ cognitio* portera notamment sur l'importance de la réclamation. Si l'on n'a souffert qu'une lésion minime, on serait mal venu à vouloir user d'un recours si extraordinaire. *De minimis non curat prætor.* Il semble même, si l'on s'en rapporte à un fragment de Paul (2), que le montant du dommage pouvant donner ouverture à l'action fût uniformément fixé à deux sous d'or. Mais ce n'était là qu'un minimum. Au-dessus de cette somme, le préteur appréciait s'il devait délivrer la formule, ou bien s'il y avait des raisons de tolérer (3) le dol. Il procédait en outre à un examen rapide des preuves apportées par le demandeur : « *Nam, nisi ex magna et evidenti calliditate non debet de dolo actio dari* (4). »

Enfin les textes (5) nous présentent comme rentrant dans la *causæ cognitio* la détermination des personnes

(1) D. h. t. l. 9, § 5.
(2) D. h. t. l. 10.
(3) V. *suprà* n° 13.
(4) D. h. t. l. 7, § 10; voir aussi C. *De dolo malo*, l. 6.
(5) D. h. t. l. 13, § 1; l. 30.

contre lesquelles l'action peut être exercée. Nous allons voir, dans le paragraphe suivant, les règles suivies à cet égard par le préteur.

§ II

SOMMAIRE

91. A qui et contre qui est accordée l'action de dol. Dol réciproque. Action *in factum*.

91. Le préteur, pour décider quelles personnes pourraient poursuivre, ou être poursuivies par l'acfion *doli*, s'est inspiré de principes analogues à ceux qui ont été développés à propos de l'exception (1).

L'action sera accordée à toute partie lésée par le dol, sans examiner si les manœuvres ont été personnellement dirigées contre elle : « *Neque enim quæritur adversus quem commissus sit dolus* (2). » Une exception cependant pour le cas où le demandeur est lui-même l'auteur d'actes dolosif : « *Si duo malo fecerint, invicem de dolo non agent* (3). » On refusera l'action, en vertu du principe déjà cité : « *Cum par delic-* » *tum est duorum, semper oneratur petitor, et melior* » *habetur possessoris causa* (4). »

Si la personne du demandeur importe peu, il n'en est pas de même de celle du défendeur. L'action ne

(1) V. *suprà*, n°ˢ 74, 75 et 76.
(2) D. *De doli mali et m* .l. .2, § 2.
(3) D. *De dolo malo*, l. 36.
(4) D. *De regulis juris*, l. 154 ; V. *suprà* n°ˢ 62 et 72.

saurait être exercée contre celui qui est resté étranger au dol. Il faut y avoir participé pour être exposé à des poursuites. En un mot, le dol doit être personnel, la formule en fait foi : « *In hac actione designari oportet,* » *cujus dolo factum sit, quamvis in metu non sit, ne-* » *cesse* (1). » A deux reprises (2), nous avons signalé les différences qui existent, sous ce rapport, entre le dol et la violence.

Lorsque le dol a été commis par un pupille *pubertati proximus*, le préteur donne encore l'action, mais après une *causæ cognitio* plus minutieuse où l'enrichissement obtenu est même pris en considération (3).

En règle générale, et toutes les autres conditions étant par ailleurs réunies, il est permis d'exercer l'action *doli* contre l'auteur des manœuvres frauduleuses. Cependant, le caractère infamant de la poursuite a créé à certaines personnes une situation privilégiée : « *Non dabitur, cum sit. famosa* (4). » De même que pour l'exception (5), il est défendu d'accuser de dol un adversaire envers lequel on est tenu à des devoirs révérencieux. Les parents, les patrons, les consulaires vis-à-vis des plébéiens, sont inattaquables par la voie de l'action *doli*. Néanmoins, s'ils ont manqué à la bonne foi, une action *in factum* sera délivrée contre eux (6).

Ajoutons que l'héritier de l'auteur du dol, ou ceux

---

(1) D. *De dolo malo*, l. 15, § 3.
(2) V. *suprà*, n°s 18 et 74.
(3) D. *De dolo malo*, l. 13, § 1 ; l. 14.
(4) D. h. t. l. 11, § 1.
(5) V. *suprà* n° 76.
(6) D. h. t. l. 11, § 1 ; l. 12.

qui ont été représentés par lui, ne peuvent bénéficier de sa mauvaise foi. Ces personnes seront donc tenues d'une action qualifiée *de dolo* par certains textes (1). Mais nous pensons qu'il faut généraliser la solution donnée par les lois 28 et 29 D. *De dolo malo*, et voir là, dans tous les cas, une action *in factum* non infamante (2).

§ III

SOMMAIRE

92. Effets de l'action de dol. Elle est arbitraire. Conséquences.
93. Elle est infamante,
94. Elle est pénale *a parte rei*.

92. L'action *doli* est arbitraire. Par conséquent, le défendeur n'encourt la condamnation que s'il refuse d'exécuter le *jussus* par lequel le juge lui enjoint de restituer (3).

Or, restituer, c'est replacer, dans la mesure du possible, les choses en l'état où elles eussent été s'il n'y avait pas eu dol. S'agit-il d'une aliénation? on devra re-

(1) D. h. t. l. 17, § 1 ; l. 15, pr. § 2.
(2) Ou ne peut admettre que le pupille soit noté d'infamie pour le dol de son tuteur, ni le *dominus* pour le dol du *procurator*. Or, d'après la loi 11 § 1 citée tout à l'heure, le caractère infamant semble être essentiel à l'action *doli*. De plus, et c'est un autre point de ressemblance avec l'action *in factum*, les textes nous représentent ces personnes comme tenues seulement dans la limite de leur enrichissement.
(3) D. h. t. l. 18, pr.

transférer la propriété (1) ; d'une libération ? il faudra s'engager à nouveau (2). Dans les hypothèses présentant plus de complications, le juge déterminera les réparations à fournir.

Que décider si l'auteur du dol se refuse à restituer ? Le *jussus* ne pourra être exécuté *manu militari* que bien rarement ; car, sauf le cas où la réparation ordonnée consiste en une simple remise matérielle, on se trouvera en face d'un obstacle de droit : nul, en effet, ne peut être contraint à faire un acte juridique, à aliéner ou à s'engager. La sanction de la désobéissance du défendeur consiste alors dans une condamnation sévère dont le montant est fixé par le demandeur lui-même, sous la foi du serment et *cum taxatione maxima* (3).

L'action *doli* cesse d'être arbitraire, lorsqu'il est impossible de rétablir, au moyen d'une restitution, l'état de choses antérieur au dol (4). Et, comme on ne peut accuser la mauvaise volonté du défendeur, on revient à la règle générale, l'indemnité pécuniaire objet de la condamnation est fixée par le juge.

Par son double aspect de recours subsidiaire et d'action arbitraire, le *judicium de dolo malo* se rapproche de l'*in integrum restitutio*. Il en diffère cependant d'une façon notable. Sans doute, vis-à-vis de l'auteur

---

(1) Avec tous ses accessoires, *rem cum omni causa,* et donner la caution *de dolo.*

(2) En fournissant des sûretés équivalentes à celles de la première obligation.

(3) D. h. t. 1 18, pr.

(4) D. h. t. 1. 18, §§ 1 et 4.

du dol, cette action est véritablement rescisoire, et ce caractère s'affirme encore davantage dans l'*arbitrium judicis*. Mais cette rescision ne détruit pas entièrement l'acte juridirique intervenu, aussi n'a-t-elle pas d'effet contre les tiers.

Nous reviendrons sur ce sujet dans le chapitre suivant.

93. L'action *doli* est infamante. Nous avons vu que c'était là un motif de restreindre ses cas d'application. Quant à la raison d'être de cette rigueur, le préteur la trouvait dans la grave atteinte portée à la bonne foi par ceux qui mettent leur habileté à tourner la législation positive contre l'équité. C'était en même temps un moyen de limiter, par la crainte d'une peine, les occasions où l'emploi d'un recours si dérogatoire au droit commun serait rendu nécessaire.

94. L'action *doli* est pénale, mais pénale seulement *a parte rei*, et non *a parte actoris*. Le demandeur n'obtient rien de plus que la réparation du préjudice qui lui a été causé, et le défendeur doit cette réparation quand même il n'aurait pas agi par appât du gain mais uniquement par malignité, l'action opère alors sur lui comme peine (1).

Du caractère pénal de l'action, on peut conclure qu'elle est intransmissible (2) et noxale (3). En outre, les auteurs et complices du dol sont tenus solidairement, et, comme la poursuite est pénale unilatérale,

(1) De Savigny, *Traité de droit romain*, t. V., § 210, p. 43.
(2) Les textes représentent plutôt l'intransmissibilité comme une cause de l'infamie.
(3) D. h. t. 1. 9, § 4.

les satisfactions fournies par l'un d'eux libéreront les autres (1).

§ VI

SOMMAIRE.

95. L'action de dol est temporaire, sa durée. Action *in factum* perpétuelle.

95. Comme toutes les actions pénales conférées par l'édit (2), l'action *doli* se prescrivait par le laps d'une année. Ce délai était un *tempus utile*, dans lequel on ne comptait que les jours où il était possible d'agir en justice ; son point de départ était le moment où la victime du dol avait eu connaissance des manœuvres frauduleuses (3).

Constantin modifia ces principes. Il substitua à l'année utile un délai de deux ans continus, *biennium continuum* (4), partant du jour où le dol avait été commis. Cette innovation avait l'avantage de simplifier les règles de la prescription, mais elle était peu équitable (5).

(1) D. h. t. l. 17, pr.

(2) D. *De oblig. et action.*, l. 35, pr.

(3) C. *De dolo malo*, l. 8; D. *De calumniat*, l. 7. M. de **Savigny** considère que cette suspension de la prescription par suite de l'ignorance du demandeur est en dehors des règles sur l'*utile tempus*. Pour déterminer celui-ci, on ne prendrait en considération que les obstacles extérieurs entravant la *facultas experiundi* (de Savigny, t. IV, n° 190).

(4) C. *De dolo malo*, l. 8.

(5) D'après la loi 7, C. *De temp. in int. rest.*, le délai, pour toutes les restitutions, fut porté à quatre années continues ; mais

Après l'expiration de l'année utile et plus tard des deux ans continus, la personne lésée jouissait encore d'une action *in factum* qui, bornée à l'enrichissement du défendeur et n'ayant plus rien de pénal était perpétuelle (1).

§ 5.

96. Nous avons à plusieurs reprises, mentionné l'existence d'une action *in factum* destinée à remplacer l'action *doli*.

Cette action a pour fondement le principe que nul ne doit s'enrichir au détriment d'autrui, abstraction faite de l'idée de fraude. Dans sa formule se trouve relaté le fait qui a donné naissance à un gain illégitime. Ce dernier point, d'ailleurs, ne constitue pas une différence avec l'action *doli* qui est elle-même *in factum concepta* (2).

L'action *in factum* prend la place de l'action *doli* dans trois cas principaux :

cette disposition ne s'applique pas, comme on l'a prétendu, à tous les cas de l*utile tempus* (De Savigny, t. IV, n₀ ′91).

(1) D. *De dolo malo*, 1. 28.

(2) Le préteur exige que les faits dolosifs soient parfaitement précisés. D. h. t. 1. XVI.

a) Lorsqu'on ne peut prouver d'une façon certaine que l'auteur du fait dommageable a agi de mauvaise foi (1);

b) Contre certaines personnes, soit parce que le demandeur leur doit du respect, soit parce qu'elles sont demeurées étrangères à la perpétration du dol (2);

c) Après que l'action *doli* a été prescrite (3).

97. Les effets et les caractères de l'action *in factum* diffèrent notablement de ceux de l'action *doli*.

Par suite du principe que nous lui avons reconnu comme base, cette action se limite à l'enrichissement du défendeur. Contre l'héritier, elle se donne : *quatenus ex ea re locupletior ad eum hereditas pervenit* (4) ; contre le mineur, pour le dol du tuteur : *si factus est locupletior* (5); contre le *dominus*, pour le dol du *procurator* : *in quantum ad eum pervenit* (6). De la sorte, la partie lésée n'obtiendra fréquemment qu'une réparation partielle du préjudice qui lui a été causé. On s'est de-

---

(1) D. h. t. l. 33. A ce titre l'action *in factum* remplace encore d'autres actions pénales, l'action *furti*, par exemple, D. h. t. l. 7, § 7.

(2) V. *suprà*, n₀ 94.

(3) V. *suprà*, n° 95.

(4) D. h. t. l. 26.

(5) D. h. t. l. 45, pr. Deux textes de Pomponius (D. *Quando ex facto tut. vel. cur.* l. 1; *De adm. et peric. tut.* l. 61) porteraient à croire que cette action produit le même effet que l'action *doli*, lorsque le pupille peut recourir contre un tuteur ou des fidéjusseurs solvables. Mais cette doctrine n'a pas été reçue ou, tout au moins, a été abandonnée, comme le démontrent de nombreux fragments de Papinien et d'Ulpien. (D. *Quando ex fac. tut. vel. cur.*, l. 3; *De doli mali et met. except.* l. 4, § 23, etc.)

(6) D. h. t. l. 45, § 2.

mandé s'il en était encore ainsi, lorsque l'action *in factum* est exercée contre les patrons et ascendants. La raison de douter vient de ce que ces personnes sont justement les auteurs du dol. Mais, quelque motif qu'il puisse y avoir d'étendre l'effet de l'action *in factum*, le texte est formel, la poursuite a seulement pour but : *ne ex dolo suo lucrentur* (1).

L'action *in factum* est perpétuelle (2), non infamante (3), et, dans le silence des textes, on doit ajouter qu'elle n'est pas arbitraire, ni même nécessairement subsidiaire. Le préteur, pour en réduire l'usage, n'avait pas à lui donner ce dernier caractère ; car, par la force même des choses, on ne pouvait avoir la pensée de recourir à une action bornée à l'enrichissement, dans les cas où l'on disposait d'une autre voie de droit presque toujours plus avantageuse (4).

En sens inverse, nous croyons que l'action *in factum*, comme l'action *doli*, n'était accordée qu'à la suite d'une *causæ cognitio*. Nous en voyons la raison, d'abord dans la gravité de ce recours lui aussi dérogatoire au droit commun, et ensuite dans ce fait que le préteur n'avait certainement pas l'intention d'atteindre ainsi tous les gains disproportionnés qui peuvent être obte-

(1) D. h. t. 1. 12.
(2) D. h. t. 1. 28, 29.
(3) D. h. t. 1. 11, § 1 ; 1. 29.
(4) Dans le cas où l'on dispose de l'exception *doli*, on peut avoir intérêt à intenter immédiatement l'action *in factum*, afin d'empêcher la disparition des preuves ; on obtiendra ainsi, d'une façon définitive, une indemnité égale à ce que l'on pouvait retenir par voie d'exception (De Savigny, t. V, § 255, p. 460. V. *suprá*, n° 77).

nus sans blesser la stricte légalité. D'ailleurs cette action n'ayant aucun caractère injurieux, la *causæ cognitio* ne portera pas sur la personne du défendeur (1).

(1) D. h. t. 1. 30.

CHAPITRE VIII.

DE LA *restitutio* *in* *integrum* POUR CAUSE DE DOL.

98. Si l'on considère que toute *restitutio in integrum*
consiste dans le rétablissement d'un état juridique antérieur, motivé par une opposition entre l'équité et le
droit rigoureux (1), on est autorisé à dire que ce recours a toujours pour fondement le dol, dans le sens
large du mot (2).

Plus spécialement, on doit mentionner la *restitutio
in integrum* qui remplaça le *judicium publicum* de la loi
Plœtoria (3), et qui, basée sur le seul fait de la lésion,
donnait évidemment aux mineurs de 25 ans la faculté
d'obtenir réparation des tromperies dont ils étaient
victimes. De même, la *restitutio in integrum* pour
cause d'erreur, dans le cercle très limité de ses appli-

(1) De Savigny, t. VII, n° 16, p. 101.
(2) V. *suprà*, n° 38.
(3) V. *suprà*, n° 33 et 35.

cations, pouvait incontestablement servir d'arme contre le dol, puisque celui-ci a pour conséquence naturelle l'erreur.

99.   Laissant , maintenant du côté ces diverses restitutions, nous devons nous occuper de celle qui a directement pour cause le dol.

C'est là, disons-le de suite, un sujet plein d'incertitudes et sur lequel les auteurs sont loin d'être d'accord. Les difficultés viennent principalement de l'analogie déjà signalée (1) qui existe entre l'action *doli* et la *restitutio in integrum*. Analogie telle que, suivant Doneau (2) les textes auraient confondu l'une et l'autre : « *Numeratur dolus inter causas in integrum* » *restitutionis magis propter affinitatem, quam habet actio* » *de dolo cum in integrum restitutione.* »

Partant de cette idée, un certain nombre de jurisconsultes ont nié l'existence de la *restitutio in integrum* pour cause de dol. On fait valoir à l'appui de ce système, que ce recours serait inutile en présence des actions *bonæ fidei* et *doli*, et en outre que son admission aurait pour conséquence d'annihiler entièrement l'action *doli*, à cause du caractère subsidiaire (3) de celle-ci.

100.   Le témoignage des textes nous semble trop formel pour qu'il soit possible de ne pas admettre une *restitutio in integrum propter dolum* : « *Integri restitu-* » *tionem prætor tribuit ex his causis, quæ per metum,*

(1) V. *suprà*, n° 92.
(2) T. V, p. 1055 et s.
(3) D. *De dolo malo*, l. 1, § 5.

» *dolum..... gesta esse dicuntur* (1). » — *Sub hoc titulo*
» *plurifariam prætor hominibus vel lapsis vel circum-*
» *scriptis subvenit; sive metu, sive calliditate, sive ætate,*
» *sive absentia in ciderunt incaptionem* (2). » — *Quem*
» *(dolum) si fuerit intercessisse probatum..... in inte-*
» *grum restitutio competit* (**3**). »

101. — L'existence de cette restitution une fois
admise, la question difficile est de déterminer ses cas
d'application.

Or, en raison même de la nature de la *restitutio in
integrum*, on peut affirmer *a priori* que son emploi se
limitera à quelques hypothèses exceptionnelles. Les
Romains la regardaient en effet comme : « un remède
» extraordinaire réservé pour les cas où les moyens de
» droit ordinaires étaient insuffisants (4). »

Il est facile de citer des cas de cette espèce, c'est-
à-dire tels que la restitution constitue le seul mode de
rétablir l'équité. Nous nous bornerons à trois principaux.

a) L'auteur du dol est insolvable. La personne lésée,

(1) Paul, *Sentences*, l. I, t. VII, § 2.
(2) Ulpien, D. *De in integr. rest.* l. I.
(3) C. *De rescind. vendit.*, l. 10 et l. 5.
(4) De Savigny, t. VII, no **317**. M. de Savigny est d'avis que la
restitution a précédé l'action *doli*. Mais cette opinion nous semble
inconciliable avec les passages cités de Cicéron. Comment celui-ci
n'aurait-il pas mentionné un semblable recours dans son énumération des moyens d'atteindre le dol? (V. *suprà*, no **33**.) Comment, parlant de la loi *Lætoria*, lui eût-il été possible de passer sous silence
la restitution des mineurs? (V. *suprà*, no 35.) Comment enfin son
Cassius se serait-il trouvé si embarrassé en présence du dol de
Pythius, alors qu'il lui suffisait de soumettre sa cause au préteur ?
(V. *suprà*, no 68.)

avec son action personnelle *bonæ fidei* ou *doli*, serait obligée de subir le concours des créanciers et n'obtiendrait qu'une indemnité très insuffisante. Elle demandera donc au préteur la *restitutio in integrum*, qui lui sera accordée, *causa cognita* (1), si sa situation est jugée digne d'intérêt. A la suite de cette pleine et entière rescision, une action *in rem* opposable aux créanciers et aux détenteurs remplacera l'action personnelle.

b) L'hypothèse de l'insolvabilité de l'auteur du dol devient encore plus frappante, si la partie à laquelle on avait affaire est restée étrangère aux manœuvres. Nous avons même à cet égard un texte formel. Lorsqu'une personne empêche malicieusement un défendeur de comparaître en justice, et que le demandeur éprouve ainsi un préjudice (2), le préteur accorde à ce dernier une action *in factum* (3) d'une nature spéciale. Cette action est dirigée contre celui *qui impedit judicio sisti*, elle est personnelle et se trouve par là même inutile en cas d'insolvabilité. Alors, au témoignage de Julien, le demandeur lésé pourra se faire restituer malgré l'innocence du défendeur : « *Ne propter* » *dolum alienum reus lucrum faciat, et actor damno ad-* » *ficiatur* (4). »

c) Sous l'influence du dol, on a fait une adition ou une répudiation d'hérédité.

(1) D. *De in integr. restit.* l. 3.

(2) Résultant par exemple de l'accomplissement d'une prescription.

(3) D. *De co per quem fact. erit quo minus...*, l. 3, pr.

(4) D. h. t. l. 3, § 1. On trouve une solution du même genre dans la loi 18. D. *De interrogat.*

Sans doute, en supposant l'auteur des manœuvres solvable, on arrivera, grâce à l'action *doli*, à se faire indemniser. Mais par rapport aux tiers la situation juridique ne sera pas changée. Si l'on a fait adition, on restera héritier et comme tel exposé aux poursuites de tous les créanciers qui n'ont pas participé au dol. Si, au contraire, on a répudié, l'*arbitrium* du juge sera impuissant pour faire restituer les biens de la succession par ceux des héritiers demeurés étrangers aux supercheries imputables à l'un d'entre eux.

On comprend donc que la victime du dol ait avantage à obtenir une *restitutio in integrum*. D'autre part, s'il y a de justes motifs (1), le préteur hésitera d'autant moins à l'accorder que l'on peut dire des créanciers et héritiers atteints par cette mesure: *certant de lucro captando*, car ils ne devaient pas compter sur cette acceptation ou cette répudiation.

En un mot, la *restitutio in integrum* figure ici comme recours *in rem*; elle pourra être admise dans les hypothèses où le préteur jugera plus équitable de faire échec aux principes sur le dol indirect (2).

102. D'après ces exemples, il est aisé de faire justice d'un système intermédiaire consistant à n'admettre la restitution pour dol qu'en matière de contrats *bonœ fidei* (3). Le prétexte invoqué est toujours le même.

---

(1) Une restitution de cette nature était, semble-t-il, prononcée en faveur des femmes trompées par les créanciers héréditaires. D. *Ad. s. c. t. Vell*, l. 32, pr. (Accarias, t. I, p. 83², note 1).

(2) V. *supr.*, n° 49.

(3) V. Touzaud, *Des vices du consentement*, p. 81 à 85, p. 95 et 96.

L'action *doli* étant subsidiaire, la *restitutio in integrum*, dit-on, ne pouvait exister concurremment sans l'annihiler. Mais l'on voit très bien qu'il n'en est rien, puisque ce recours extraordinaire ne sera admis que dans un petit nombre de cas exceptionnels où l'action *doli*, en raison de son caractère personnel, demeurerait insuffisante.

Nous avons ainsi, dans la mesure du possible, écarté les principales difficultés soulevées sur cette matière, en démontrant que la *restitutio in integrum propter dolum* est formellement reconnue par les textes, qu'elle est utile et que son usage n'est pas incompatible avec celui de l'action *doli* (1).

(1) C'est à dessein que nous n'avons pas cité la loi 7, § 1, D. *De in integr. rest.* Nous croyons en effet, et cela résulte du *principium* de ce texte, qu'il s'agit de la restitution pour cause d'erreur. Dans l'application assez large qu'il faisait de ce remède aux formes de la procédure, le magistrat souverain appréciateur venait en aide à la partie trompée *maxime si fraus ab adversario intervenerit.*

DROIT FRANÇAIS

103. Bien que, sur des points très nombreux, la science du droit soit susceptible d'éprouver, d'une époque à une autre, ou d'une nation à une autre, d'importantes modifications, cependant, comme les relations essentielles des hommes vivant en société demeurent immuables, pour les régler, toute législation est nécessairement dominée par les mêmes principes de raison et de justice, et dans leur application, rencontre des difficultés de même nature. Aussi, dès qu'un sujet juridique présente certains caractères de généralité, son étude, à quelque droit positif qu'on la rattache, amènera toujours le développement d'un ensemble d'idées presque invariable.

C'est là une première considération qui nous permettra, en droit français, de traiter notre matière d'une façon plus brève que nous ne l'avons fait en droit romain. Nous retrouverons en effet des notions fondamentales identiques en ce qui concerne la nature du dol, ses effets et ses divers modes de réparation. L'analogie entre les deux législations est même plus grande qu'on ne l'a généralement fait remarquer. C'est l'un des points que nous chercherons à mettre en lumière dans cette étude qui doit être, avant tout, scientifique.

Nous avons un second motif d'abréger. La théorie du dol n'a pas, dans notre droit, une importance aussi grande que dans celui des Romains. D'abord, l'idée de dol, tout en restant assez élastique, est cependant devenue plus précise et aussi plus limitée. En outre, notre *jus civile*, par cela même qu'on l'a fait moins matériel et plus équitable est considéré comme presque immuable, il se prête moins que chez les Romains aux tempéraments nécessaires de la jurisprudence. Notre magistrat n'est pas un préteur.

Peut-être eût-il été préférable de passer moins brusquement de la loi romaine à celle qui nous régit aujourd'hui, et de consacrer une place spéciale à notre ancien droit. Si nous avons reculé devant cette tâche, c'est avec l'intention de combler une pareille lacune, en présentant au cours de nos explications, les indications historiques indispensables.

Nous avons divisé toute la matière en trois chapitres. Dans le premier nous examinerons comment la notion du dol a été comprise par notre droit ; nous verrons dans le second par quels moyens on peut obtenir réparation ; enfin le troisième aura pour sujet spécial l'action en annulation fondée sur le dol.

CHAPITRE I

DE LA NOTION DU DOL EN DROIT FRANÇAIS

§ 1. De la notion du dol considérée en elle-même

SOMMAIRE.

104. Définition du dol. Renvoi à l'introduction.
105. Eléments de la définition retrouvés dans le Code.
106. Définitions données par les auteurs.
107. Le dol est-il un vice du consentement?
108. Distinction entre le dol et la fraude.
109. Le mot dol a-t-il dans notre droit un sens parfaitement pre-
cis? Comparaison avec le droit romain.

104. Au début de notre étude, nous nous sommes
attachés à obtenir une définition précise du dol. Déga-
gée des confusions dues à la terminologie vicieuse de la
langue du droit et établie sur une base philosophique,
l'idée de dol nous a paru s'appliquer *aux manœuvres
employées dans le but d'induire une personne en erreur
de façon à la déterminer à accomplir un fait juridique
volontaire* (1). Dans cette notion, deux éléments surtout
sont à remarquer. En premier lieu, le caractère des
manœuvres employées, dont l'effet immédiat est de
produire une erreur dans l'intelligence afin d'agir ensuite sur la volonté. En second lieu, la nature de l'acte

(1) V. *suprà*, no 4.

volontaire accompli, qui doit être un fait juridique, c'est-à-dire légalement capable de créer ou de détruire un droit.

105. Il n'est pas nécessaire de recourir à un examen bien approfondi pour retrouver ces éléments constitutifs de la définition dans les textes de notre loi civile.

La place occupée au Code par les principaux d'entre ces derniers est déjà fort significative. C'est à propos des actes volontaires par excellence, des contrats, que le législateur traite le plus longuement du dol. Il nous le représente comme portant atteinte à la validité du consentement (art. 1109); or, le consentement se forme par la détermination de la volonté au préalable éclairée par l'intelligence. Ainsi, nous est nettement indiqué quelle espèce de supercherie sera le dol. Si le consentement est surpris (art. 1109), c'est par suite d'une erreur, et s'il y a erreur, c'est que l'intelligence a été trompée. Tromper, tel est donc le but de ces manœuvres dont parle l'art. 1116, sans lesquelles, la volonté mieux éclairée ne se fût pas déterminée à contracter.

Quel est maintenant, toujours aux yeux de notre loi, le résultat que ces tromperies tendent à obtenir? Evidemment, c'est l'accomplissement d'un acte juridique. Ceci résulte de la nature même de la sanction prononcée (art. 783, 887, 1116, 1117, 1304, 2053) contre le dol. Si l'acte qui en est entaché se trouve exposé à une annulation, c'est incontestablement parce qu'il a une certaine valeur juridique. Et l'on voit que, pour détruire l'effet du dol, le législateur est obligé de revenir sur son œuvre.

106. Ces idées sont encore consacrées, au moins implicitement, par les divers commentateurs de notre droit.

Pleinement d'accord avec le Code civil, ils nous présentent le dol comme portant atteinte à la validité des actes juridiques volontaires, et tout particulièrement des contrats. Ils sont unanimes à en exposer la théorie à propos de ces derniers.

Quant à la nature des manœuvres constitutives du dol; tous reconnaissent aussi qu'elles consistent à agir sur la volonté par l'intermédiaire de l'intelligence, en un mot, à tromper. Suivant Domat (1) : « On appelle » dol toute surprise, fraude, finesse, feintise et toute » autre mauvaise voye pour *tromper* quelqu'un. » Et suivant Pothier (2) « toute espèce d'artifice dont quel- qu'un se sert pour *tromper* un autre. »

Les auteurs modernes se bornent le plus souvent à reproduire, avec de légères modifications, la défini- tion de Pothier. Quelques-uns précisent davantage. Toullier (3) et après lui Bédarride (4) qualifient du nom de dol : « toute espèce de manœuvres, de finesses, » d'artifices, employés pour entraîner ou entretenir une

---

(1) *Loix civiles*, l. 1, t. XVIII, s. 3.

(2) *Traité des obligations*, n° 28. Toutefois ces deux auteurs ont tort de présenter le mot *tromper* comme la traduction des expres- sions : *ad circumveniendum, fallendum, decipiendum* employés par Labéon. V. *suprà*, no 9.

(3) T. VI. no 87.

(4) *Traité du dol*, t. 1, no 16.

» personne dans l'*erreur* qui la détermine à une con_
» vention préjudiciable à ses intérêts, ou qui la dé-
» tourne de faire une chose utile (1). » Marcadé (2)
s'exprime d'une façon analogue : « Le dol, dit-il, s'en-
» tend de tous les moyens employés pour *tromper* une
» personne, et pour la décider à former un contrat par
» suite de l'*erreur* que l'on engendre ou que l'on con-
» firme dans son esprit. »

107. Un point sur lequel nous avons insisté à plusieurs reprises (3) semble mis absolument hors de
conteste par ces définitions.

Le dol a pour conséquence immédiate de produire
l'erreur, et c'est à l'aide de ce moyen qu'il arrive indirectement à déterminer la volonté.

A ce propos, nous ne croyons pas sans utilité de signaler une inexactitude d'expression presque universellement reçue par les jurisconsultes.

Il y a, dit-on, trois vices du consentement : l'erreur,
la violence et le dol.

Or, si l'on veut bien remarquer que le consente-

______

(1) Cette définition méconnaît le véritable but des manœuvres
dolosives qui est l'accomplissement d'actes juridiques. Elle est
sous ce rapport, d'abord, trop restrictive, car il y a d'autres faits
juridiques volontaires que les conventions ; et ensuite trop exten-
sive, car, sauf le cas où l'omission entraîne une prescription, une
péremption ou quelque résultat analogue, la méchanceté commise
par celui qui détourne un tiers de faire une chose utile n'est pas
un dol proprement dit.

(2) *Explication du Code civil*, t. IV, n⁰ 417. La définition de Marcadé est aussi trop restrictive, car elle a seulement trait aux contrats.

(3) V. notamment, *suprà*, n⁰ 2.

ment est dans toute convention, l'acte propre de la volonté. On reconnaîtra qu'il n'y a que deux vices du
consentement. Le premier est *l'erreur* (1), et le second n'est ni la violence, ni le dol, mais *la crainte* (2).

L'erreur et la crainte peuvent influer sur nos déterminations. Pour obtenir de nous un consentement préjudiciable à nos intérêts, il faut causer l'une ou l'autre.
Le moyen de produire la crainte, c'est la violence ; celui de produire l'erreur, c'est le dol.

La violence et le dol ne sont donc appelés vices du
consentement que par suite d'une confusion entre la
cause et l'effet.

A dire vrai, les auteurs qui ont traité la question se
placent moins au point de vue philosophique qu'au
point de vue juridique (3). S'ils voient dans le dol un
vice spécial du consentement, c'est parce qu'il constitue une cause de nullité distincte de l'erreur (4).

Nous ne contestons pas cette dernière proposition,
bien qu'elle nous paraisse devoir être précisée, car

() Pour être parfaitement **exact**, il faudrait distinguer ici l'*erreur*
et l'*ignorance*; mais, leur effet étant identique, on les confond pratiquement sous le nom d'erreur (de Vareilles, *Etude sur l'erreur*,
n° 4). Comme le point essentiel est l'absence d'idée vraie, il serait
peut-être préférable, ainsi que le fait remarquer M. de Savigny,
(t. III, § 115), de prendre pour terme générique le mot *ignorance*.

(2) V. *suprà*, n° 2. V. également de Savigny, t. III, § 115, p. 121.

(3) Demolombe, t. 24, n° 181.

(4) Aussi, les auteurs qui ne voient pas dans le dol une cause de
nullité *erga omnes* comme l'erreur, résument leur système dans
cette affirmation que le dol n'est pas un vice du consentement
(V. Marcadé, t. IV, n° 405). Nous examinerons plus loin cette controverse (V. *infrà*, nos 113, 141), mais nous avons voulu montrer
immédiatement que l'affirmation était vraie en un sens tout différent.

l'erreur ne se sépare pas du dol. Mais nous persistons à penser que cette façon de qualifier le dol est inexacte.

Philosophiquement, il y a deux vices du consentement, l'erreur et la crainte. Juridiquement, il y en a encore que deux; avec cette restriction toutefois, qu'ils ne produisent d'effet et ne méritent, à proprement parler, le nom des vices légaux (1) que dans certains cas particuliers. La crainte, lorsqu'elle provient de la violence. L'erreur, lorsqu'elle porte sur quelques objets limitativement déterminés, ou même sans cela, si elle résulte du dol.

108. Une autre querelle de mots moins importante que la précédente et cependant plus fréquemment soulevée par les auteurs est relative à la distinction à établir entre le *dol* et la *fraude*.

Les opinions sont ici des plus partagées. Les uns disent que la fraude consiste à tromper par la forme des actes (2); les autres qu'elle suppose nécessairement une collusion (3); d'autres, la comparant au dol, constatent qu'elle n'exige aucune manœuvre et qu'elle n'a souvent aucune influence sur la validité des actes (4).

(1) On fait quelquefois valoir l'art 1109 pour soutenir qu'il y a trois vices légaux. Mais la rédaction de cet article est absolument défectueuse; car, assez souvent un consentement est *valable* alors même qu'il est *donné par erreur*, et, d'autre part, tout consentement *surpris par dol* est nécessairement donné par erreur.

(2) Chardon. t. 1, p. 4.

(3) Garsonnet, *De la transcription*, etc. *Rev. prat.* t. XXXI. M. Boissonnade, répondant à cet article (*Rev. prat.* t. XXXI), trouve la définition beaucoup trop restrictive; il y a, dit-il, la fraude simple et la fraude concertée. Ajoutons que pour lui, les mots mauvaise foi, dol et fraude, semblent à peu près synonymes.

(4) Bédarride, t. I, n° 12. Les différences signalées par cet au-

Ces contradictions et cette divergence de vues sont une preuve que l'on a tort de vouloir restreindre le domaine de la fraude et de le séparer aussi complètement de celui du dol.

Autant qu'il est possible de fixer le sens des mots dans la langue du droit; nous croyons que tout dol est une fraude; l'un diffère de l'autre comme l'espèce du genre, et c'est avec raison que l'on qualifie assez souvent de frauduleuses les manœuvres qui constituent le dol.

Si l'on demande une définition, nous dirons d'une façon générale, que la fraude consiste à violer la loi ou à causer un préjudice à autrui par des moyens détournés (1).

D'ailleurs, nous reconnaissons avec M. Demolombe (2) que le mot fraude est plus particulièrement employé par notre loi civile pour désigner les actes de mauvaise foi commis au préjudice d'une personne hors sa présence et sans son concours; tels, par exemple, que ceux du débiteur, lorsqu'ils blessent les droits du créancier (art. 1167). C'est même probablement en prenant le mot dans ce sens, que l'article 1353 a placé la fraude à côté du dol.

109. Des développements qui précédent, on serait en droit de conclure que le mot dol a dans notre légis-

___

teur manquent certainement d'exactitude; car, assez fréquemment le dol, lui aussi, n'a aucune influence sur la validité des actes; il est faux de dire qu'il vicie essentiellement le contrat.

(1) Ce dernier point est caractéristique: on ne commet pas de raude, lorsque, pour violer la loi ou pour nuire à autrui, on agit ouvertement.

(2) *Contrats*, t. I, n° 169.

lation un sens parfaitement précis. En cela cependant ont se tromperait, car le droit français ne jouit pas plus que les autres de cette rigueur de termes qui est, nous l'avons dit (1), l'apanage presque exclusif des sciences exactes.

Nous invoquions en débutant un certain nombre d'articles du Code civil, mais on en trouverait facilement d'autres où le mot dol est employé *comme synonyme de mauvaise foi* (art. 421, 1150, 1151, 1992), particulièrement de cette mauvaise foi qui consiste à se soustraire à l'exécution (2) d'une obligation légitime. C'est là ce qui a permis à la doctrine de reconnaître l'existence d'un dol postérieur à la formation du contrat.

S'il en est ainsi, une autre question se pose. Où s'arrêtera l'extension? A-t-elle été poussée aussi loin chez nous qu'en droit romain?

Au premier abord, la réponse semble facile. Il est incontestable que le mot dol est maintenant d'une emploi beaucoup moins fréquent que ne le fut autrefois le mot *dolus*. Et lorsque l'on se souvient de la signification si étendue de cette dernière expression qui embrassait tous les actes déshonnêtes que le préteur s'était donné la mission de réprimer, parce que, sous le couvert du droit civil, ils blessaient l'équité naturelle *« per occasionem juris civilis contra naturalem œquitatem* (3), »

______

(1) V. *suprà* no 1.

(2) Nous avons déjà relevé l'existence de cette espèce de *dolus* et indiqué pourquoi nous la laissions en dehors de notre étude V. *suprà* no 5, note 1.

(3) D. *De doli mali et m. except.* l. 1, § 1.

on est tenté de s'écrier que rien de semblable n'existe
dans notre droit. La loi française est faite pour se suf-
fire à elle-même, elle ne se prête à aucune modification
sous prétexte d'équité, notre magistrat n'est pas un
préteur. Quelque généralement admis que soient ces
principes, ils n'ont cependant pas empêché la jurisprudence d'ériger en maxime que : *le dol et la fraude font
exception à toutes les règles* (1). Nous examinerons au
chapitre suivant ce qu'il peut y avoir de vrai et de faux
dans cette proposition digne de figurer dans l'édit du
préteur romain.

§ II.

Des diverses espèces de dol.

SOMMAIRE

110. Renvoi au droit romain.
111. Dol toléré.
112. Dol principal, dol incident.
113. Dol direct, dol indirect. En quoi la loi française s'est écartée
des idées romaines.]
114. *Dolus re ipsa*. Discussion au sein du Conseil d'État, opinion
de Cambacérès. Comparaison avec la lésion.
115. Du *Dolus re ipsa* dans notre législation. Position de la question, application de l'article 1382. Renvoi.
116. Dol positif, dol négatif. Doctrine et jurisprudence à ce sujet.
Tout dépend de l'atteinte portée à la bonne foi.

110. Nous avons (2), à propos du droit romain, indiqué les principaux caractères des diverses espèces de
dol que la doctrine a été amenée à distinguer.

(1) Agen 12 mai 1830, cité par Bédarride, t. I., no 87 ; V. aussi
Rennes 25 mars 1858, Cass. octobre 1858, D. P. 59. 1. 184; Cass.
14 mars 1859, D. P. 59, 4, 500.
(2) V. *suprà*, Droit romain, ch, 1, § II.

Les explications qui ont été données présentent pour la plupart une portée très générale et sont susceptibles de s'appliquer à toutes les législations.

Nous éviterons donc les redites et nous nous bornerons à signaler les différences et à faire connaître les particularités propres à notre droit.

111. Disons de suite que l'ancienne distinction (1) romaine entre le *dolus bonus* et le *dolus malus* a aujourd'hui complètement disparu. Le mot dol implique nécessairement idée de manœuvres répréhensibles ayant un but déshonnête ; il est donc de toute impossibilité d'y joindre le mot bon.

A la différence du *dolus bonus,* le dol toléré (2) existe très certainement en droit français. Il y aura toujours en effet de ces tromperies coupables que le législateur en raison de leur importance minime, de leur fréquence dans la pratique des affaires, ou pour d'autres motifs, devra laisser sans répression. La stabilité des conventions l'exige ainsi. L'imperfection nécessaire du droit civil le met dans l'impuissance d'assurer la scrupuleuse observation de toutes les règles de la morale ; et l'on doit reconnaître avec Pothier (3) que « dans le for » extérieur, une partie ne serait pas écoutée à se plain- » dre de ces légères atteintes que celui avec qui elle a » contracté aurait données à la bonne foi ;.... ce qui » donnerait lieu à trop de procès, et causerait un dé- » rangement dans le commerce. »

. (1) V. *suprà* no 12.
(2) V. *suprà* no 13.
(3) *Traité des Obligations,* no 30.

112. Les principes sur le dol principal et le dol incident ont été exposés (1) d'une façon qui nous dispense d'y revenir. Nous ajouterons seulement que cette distinction ne donne pas lieu aux même controverses qu'en droit romain (2). L'article 1116 du Code civil la consacre en effet d'une manière absolument formelle, en ne faisant du dol une cause de nullité que si « les » manœuvres pratiquées par l'une des parties sont telles » *qu'il est évident que, sans ces manœuvres, l'autre partie* » *n'aurait pas contracté.* «

Quant au discernement des faits qui constituent l'une ou l'autre espèce de dol, rappelons seulement que c'est avant tout, une question d'appréciation; et que l'on ne peut, comme M. Bédarride a tenté de le faire (3), séparer sous ce rapport les parties substantielles d'avec les parties accidentelles des actes juridiques entachés de dol.

113. La distinction entre le dol direct et le dol indirect (4) a, elle aussi, survécu au droit romain. Nous pourrions répéter ici ce qui a été dit (5) du contraste que présentent sur ce point les effets du dol et ceux de la violence.

On se souvient de l'idée fondamentale qui sert de base à la distinction : *La réparation du préjudice causé par le dol ne doit atteindre que son auteur.* Cette idée a présidé aux diverses mesures de réparation organisées par

(1) V. *suprà* nos 14 et 8.
(2) V. *suprà* nos 15, 56, etc.
(3) *suprà* no 16.
(4) V. *suprà* no 17.
(5) V. *suprà* no 18.

le droit romain. Il était admis que les droits acquis par suite de l'acte vicié à des personnes restées complètement étrangères à toute manœuvre devaient être respectés ; et si la règle fléchissait en ce qui concerne certains successeurs, au moins s'appliquait-elle toujours aux ayants cause à titre onéreux de l'auteur du dol (1). L'annulation n'était réelle que dans l'hypothèse assez rare d'une *in integrum restitutio*.

Nous établirons que la rescision des articles 1116 et 1117 de notre Code civil est également réelle. Or, comme la loi française fait presque de cette rescision le recours de droit commun en matière de dol, il est certain qu'elle s'est écartée des anciennes règles. Cependant, dans cette même action de l'article 1116, le législateur s'est évidemment inspiré des idées romaines en exigeant que les manœuvres aient été *pratiquées par l'une des parties*.

Cette application restreinte des principes sur le dol indirect a rejailli sur la distinction elle-même. Mais c'est donner aux mots une signification un peu arbitraire que d'appeler dol direct celui qui est commis par l'une des parties, et dol indirect, celui est commis par un étranger au contrat.

114. Le *dolus re ipsa* nous arrêtera un peu plus longtemps.

Nous avons nié (2) qu'il pût exister un dol réel, c'est-à-dire résultant des choses elles-mêmes, et s'ac-

(1) V. *suprà* n° 75.
(2) V. *suprà* n° 20.

complissant sans que l'on ait à reprocher à personne
un manque de bonne foi. Nous avons en outre démontré
que le dol *re ipsa* dont parle Ulpien est manifestement
personnel et volontaire, et qu'il consiste à exiger
sciemment l'exécution d'une convention frustratoire.

Le caractère nécessairement personnel de tout dol
a cependant été méconnu par les rédacteurs du Code.
Dans les discussions qui s'élevèrent au Conseil
d'État (1), lors des travaux préparatoires, à propos
d'une dissertation (2) de Thomasius sur cette question,
Portalis prononça ces paroles : « Thomasius ne peut
» se rendre raison de ce que c'est que le dol *re*
» *ipsa*.

» Il faut le lui expliquer.

» Le dol personnel ne se découvre point par l'ins-
» pection de la chose; il résulte de circonstances
» qu'on ne connaît que par la déposition de témoins.
» Le dol réel, au contraire, résulte de l'inspection de
» la chose qui en donne la preuve, sans que l'interven-
» tion des témoins soit nécessaire.

» La distinction est donc tout entière à l'avantage
» du dol réel. »

Cambacérès vint encore confirmer ces paroles en
ajoutant :

» La preuve du dol est bien plus certaine lorsqu'elle
» résulte de l'inspection de la chose, que lorsqu'il faut
» la tirer de dépositions de témoins. »

Il est permis de se demander quelle espèce de

(1) *Procès-verbaux du Conseil d'État*, Locré, t. XIV, p. 64 et s.
(2) *De æquitate cerebrina*.

preuve du dol on pourra tirer de l'inspection de la chose. Sans ute on verrado bien si l'une des parties est lésée, mais on ne saura pas si elle a été trompée.

Cet examen sera insuffisant pour démontrer que l'autre partie a manqué à la bonne foi.

En réalité, la théorie du *dolus re ipsa* se confond presque avec celle de la lésion. C'est ce qui explique comment la discussion qui vient d'être rapportée a eu lieu à propos de ce dernier sujet. Dans notre ancien droit, Domat (1) avait parlé de « cette lésion sans dol » de personne, qu'on appelle *dolus re ipsa*, parce que » l'un des contractants se trouve trompé par la chose » même, sans le dol de l'autre. »

Cependant, justement parce qu'il constitue un dol, le *dolus re ipsa* diffère quelque peu de la lésion. Il suppose en effet que l'on agit de mauvaise foi, et par conséquent que l'on poursuit *sciemment* l'exécution de l'acte entaché de lésion. « *Cum enim quis petat ex ea stipulatione hoc ipse dolo facit quod petit* », disait Ulpien.

115. On s'est demandé si notre droit offrait quelque moyen d'atteindre l'espèce de mauvaise foi que l'on qualifie de *dolus re ipsa*.

Voici comment doit être posée la question : J'ai fait une convention avec une personne qui n'a employé aucune manœuvre afin de me circonvenir ; cependant, pour une raison quelconque, je suis lésé. Ma situation une fois connue, ai-je le droit de dire à mon adver-

(1) *Loix civiles*, l. 1., t. XVIII. S. IV, no 4.

saire qu'en me poursuivant il commet un acte de mauvaise foi, qu'il me cause par sa faute un préjudice dont il doit réparation aux termes de l'article 1382?

Une semblable argumentation semble avoir bien peu de chances de triompher. Cependant la solution donnée à une hypothèse analogue par Duranton et admise, suivant les circonstances, par M. Demolombe (1) conduirait presque à l'affirmative.

On suppose que l'une des parties a été déterminée à contracter, non par le dol, mais seulement par l'*imprudence et par la faute de l'autre.* » Cette dernière, dit-on, sera tenue à fournir une réparation qui pourra consister dans la résolution *entre parties*. Et la raison se trouve dans les articles 1382 et 1383 : « car celui » qui, par sa faute, son imprudence ou sa négligence » a causé un dommage, est obligé de le réparer. »

Cette application du principe de l'article 1382 entraîne de graves conséquences.

D'abord, pratiquement, les dispositions restrictives de notre Code sur la lésion entre majeurs se trouvent abrogées. En effet, lorsqu'il y a lésion, l'un des contractants abuse presque toujours de la position où se trouve l'autre, il spécule sur son inexpérience ou son besoin d'argent, et en agissant ainsi il commet sans contredit une faute.

De plus, nous ne voyons pas pourquoi le même principe ne dicterait pas une solution affirmative à la question que nous formulions tout à l'heure.

(1) *Traité des contrats*, t. I. no 174. M, Demolombe reproduit dans ce numéro le texte de Duranton.

On objectera probablement qu'en se conformant à
la stricte légalité, en exerçant des droits peut-être
excessifs mais acquis selon les règles, on ne peut être
exposé à payer des dommages-intérêts. Mais la même
objection porte contre le système de MM. Duranton et
Demolombe, du moment que, pour atteindre l'imprudence et la faute dans un contrat, fait par ailleurs,
suivant toutes les formes, on ne trouve d'autre texte
que l'article 1382.

En un mot, cet article permet-il, en dehors de tout
dol proprement dit, d'obtenir réparation du dommage
causé à l'occasion d'un acte juridique légalement fait?
Toute la difficulté du sujet est là. Comme elle se présentera d'une façon encore plus générale dans le chapitre suivant, il nous suffira pour le moment de l'indiquer.

116. Il serait inutile de rien ajouter à ce qui a déjà
été dit (1) du dol négatif, si nous n'avions à relever
une erreur commise par Vernet (2). D'après cet
auteur : « Dans notre droit français, les contrats ne
» sont rescindables que pour cause de dol positif com-
» mis par l'une des parties, sauf une exception relative
» au contrat d'assurance (art. 348 C. comm.). »

MM. Aubry et Rau (3) semblent avoir adopté cette

(1) V. *suprà* no 22.
(2) *Textes choisis sur la théorie des obligations*, p. 137, note 3.
Vernet aurait dû au moins joindre à l'article 348 C. comm. l'article 1645, qui prévoit également la réticence en matière de vices
rédhibitoires et, selon nous, se borne à rendre générale une
règle qui eût été, dans la plupart des cas, l'application du droit
commun.
(3) T. IV, p. 302.

même opinion : ils exigent que le fait de la dissimula-
tion soit accompagné de moyens frauduleux ou d'affirmations précises.

Ce sont là des assertions qui ne reposent sur aucun
fondement sérieux. La jurisprudence (1) d'accord avec
une partie de la doctrine reconnaît que le mot *manœuvres* employé par l'article 1116 a un sens générique, et
qu'il doit s'entendre de tout moyen employé pour
induire ou entretenir dans l'erreur celui qu'on veut
circonvenir. Lorsque la bonne foi oblige à parler, le
simple silence ne devient-il pas un moyen de tromper ?
Bien plus, quand on connaît l'erreur de l'autre partie,
toutes les démarches que l'on fait pour contracter
méritent le nom de *manœuvres* (2).

« Que le dol soit positif ou négatif, dit à ce sujet
» M. Demolombe (3), qu'il entreprenne de faire croire
» ce qui n'est pas ou de faire ignorer ce qui est ; qu'il
» consiste dans des affirmations mensongères ou dans
» des réticences fallacieuses, il n'importe ! »

Parlant du dol négatif dans notre droit, M. Bédarride

(1) Cass. 5 février 1812, cité par Bédarride, t. I, no 98 ; Cass.
5 décembre 1838. D. P. 38, 1, 40 ; Cass. 12 janvier 1863, D. P. 63,
1, 30?. Le second de ces arrêts est relatif à une hypothèse déjà
signalée à propos du droit romain (no 22, note 2), celle où la partie
contractante a eu connaissance du dol pratiqué par un tiers et
ne l'a pas dévoilé, le dol indirect devient alors personnel.

(2) Deux arrêts, l'un de la Cour de Paris (16 décembre 1872),
l'autre de la Cour de cassation (17 février 1874, D. P. 74, 1, 493),
malgré une rédaction assez amphibologique, peuvent être invoqués
à l'appui de notre opinion (une note insérée au recueil le constate),
Ils confirment également ce que nous avons dit (note 2 *suprà*) à
à propos des vices rédhibitoires.

(3) *Traité des contrats*, t, I, no 172.

déclare (1) que « le principe en lui-même ne saurait souffrir la moindre difficulté » ; et il ajoute :« Il n'en est pas de même de son application. » Ce dernier point ne constitue pas une bien grande différence avec le dol positif, car, dans une hypothèse comme dans l'autre, le juge aura toujours à rechercher si la personne induite en erreur ne l'a pas été par sa faute, si elle a bien pris, pour s'instruire, les précautions dictées par une prudence élémentaire ; au cas contraire, il y aurait lieu de ranger les mensonges ou réticences de l'autre partie dans la catégorie du dol toléré.

En un mot, tout dépend de l'atteinte portée à la bonne foi.

(1) T. I, no 96.

CHAPITRE II

DES DIVERS MOYENS D'OBTENIR RÉPARATION DU DOL EN DROIT FRANÇAIS.

I. Considérations sur l'invalidité des actes juridiques entachés de dol.

SOMMAIRE

117. Nature de cette invalidité. Les actes entachés de dol ne sont pas nuls *ipso jure*.
118. Pourquoi le législateur a seulement établi une *annulabilité* Comparaison avec le droit romain.
119. Nullité provenant d'une *erreur-obstacle*.
120. Erreur sur l'existence de la cause. Ce qu'il faut entendre par cause. Stellionat.
121. *Annulabilité* provenant de l'erreur. Avantage qu'elle présente dans l'hypothèse du dol.
122. Règle de l'inefficacité de l'erreur.

117. Pas plus en droit français qu'en droit romain, l'acte entaché de dol n'est frappé d'invalidité complète, de nullité *ipso jure* (1). Il existe, malgré le vice de sa naissance ; il vit juridiquement, tant que sa destruction tolale ou partielle n'a pas été prononcée.

Les principes de notre droit sur ce sujet sont assez formellement exprimés.

Et d'abord, il reconnaît que le dol ne détruit pas le

(1) V. *suprà*, nᵒˢ 25 et 26.

consentement, cette première condition essentielle à
toutes les conventions. M. Demolombe (1) en tire la
preuve des termes mêmes de l'article 1109 : « Quand,
» dit-il, l'article 1109 ajoute que : Il n'y a point *de con-*
» *sentement valable, si le consentement n'a été donné*
» que par erreur, ou s'il a été extorqué par violence
» ou surpris par dol. Le législateur, évidemment, sup_
» pose que *le consentement a été donné* ; et par consé-
» quent, il distingue cette hypothèse d'avec celle où au-
» cun consentement n'aurait été donné.»On comprend
que le texte de la loi se soit borné à indiquer, sans la
formuler expressément, une vérité imposée par l'es-
sen.e des choses (2) et d'ailleurs universellement reconnue, ainsi qu'en témoignent la tradition de l'ancien
droit et les travaux préparatoires. « Lorsqu'une partie,
» enseignait Pothier (3), a été engagée à contracter
» par le dol de l'autre, le contrat n'est pas absolument
» et essentiellement nul, *parce qu'un consentement,*
» *quoique surpris, ne laisse pas d'être consentement.* »
Bigot-Préameneu exprimait la même idée, en un langage moins exact, dans ce passage de son exposé des
motifs (4) : « Quoique dans le consentement il y ait eu
» erreur, violence ou dol, il n'en est pas moins vrai que
» le contrat existe avec un consentement apparent (5),

(1) *Traité des contrats*, t. I. n° 77.
(2) V. *suprà*, n°s 2 et 3.
(3) *Traité des obligations*, n° 29.
(4) Locré, t. XII, p. 320.
(5) Le mot apparent est de trop, il est d'ailleurs en contradiction
avec le reste de la phrase ; car si le consentement était apparent
le contrat le serait lui aussi, on ne pourrait donc dire qu'il existe.

» et que dès lors ce contrat conserve la même force
» que s'il était légitime, jusqu'à ce que ces excep-
» tions aient été prouvées par celui qui les oppose.
» Ainsi le contrat n'est pas nul de plein droit, il faut
» que l'acte soit rescindé. »

Puisque le dol laisse subsister la détermination de la volonté et ne prive pas les faits juridiques libres de cet élément nécessaire à leur réalisation, il faudrait, pour qu'il produisît néanmoins une nullité d'inexistence, que la loi l'eût décidé d'une façon expresse (1). Or ici, il ne peut y avoir de doute, le Code est très formel en sens contraire : « La convention contractée par er-
» reur, violence ou dol, n'est point nulle de plein
» droit; elle donne seulement lieu à une action en
» nullité ou en rescision (art. 1117). » C'est à peu près la reproduction de la dernière phrase de l'exposé des motifs; et il est clair, d'après cela, que la nullité dont il était question dans l'article 1116 est seulement une nullité *par voie d'action,* une *annulabilité* (2).

118. Le législateur aurait pu imposer une sanction plus grave au dol, et en faire une cause d'invalidité complète. Rappelons brièvement les raisons pour lesquelles il devait en décider autrement.

a) Le dol est susceptible de degrés; il a, suivant les cas, une gravité plus ou moins grande. Mettre à néant l'acte qu'il a provoqué serait trop rigoureux lorsqu'il est minime, incident, indirect. Il y a donc une appré-

(1) V. *suprà*, n° **25**, *b* et *c*.
(2) V. *suprà*, n° **26**, *in fine*.

ciation à faire par le juge, et il est raisonnable d'attendre ce moment pour détruire ce qui a été fait.

b) L'acte entaché de dol n'en réunit pas moins les
conditions d'existence exigées par la nature des choses. De plus, il est extérieurement parfait, car le véritable vice dont il est affecté, l'erreur, ne paraît pas au
grand jour. La loi ne pouvant *a priori* scruter les consciences (1), il était sage de laisser à l'acte sa valeur e
de remettre aux parties intéressées le soin de provoquer son annulation en fournissant les preuves nécessaires.

c) La rescision du fait accompli constitue, pour la
victime du dol, un mode d'exercice de son droit à une
réparation ; elle est dictée par son intérêt. Il fallait donc
limiter à celle-ci la faculté d'attaquer l'acte et lui permettre même de choisir entre son maintien et son
anéantissement.

d) Enfin notre droit a suivi la tradition du droit romain. Cependant, que l'on considère les actes *bonæ
fidei* ou les actes *stricti juris*, la théorie romaine repose
sur des motifs qui ne se retrouvent plus aujourd'hui.

Dans les actes *bonæ fidei*, tout était soumis au droit
naturel. Si, dès le premier instant, ils ne se trouvaient
pas frappés de nullité, c'est que, malgré le dol, ils
réunissaient toutes les conditions essentielles à leur
existence théorique. Et si le juge se reconnaissait le
pouvoir de les annuler, c'était en vertu de ce principe (2) de justice primordiale qui oblige celui qui

(1) V. *suprà*, n° 3.
(2) Principe auquel, d'ailleurs, les parties dans un acte *bonæ*

manque à la bonne foi à réparer le préjudice causé.

Dans les actes *stricti juris*, la loi romaine refusait tout effet au dol. En intervenant au nom de l'équité, le préteur *juris civilis custos* ne pouvait s'empêcher de reconnaître l'existence des actes conformes au droit civil ; il ne lui restait donc que la ressource de les annuler indirectement au moyen des voies de procédure dont il disposait.

Ainsi, la théorie romaine sur les effets du dol était motivée : au premier cas, par l'application pure et simple des principes de droit naturel ; au second cas, par la nécessité de porter atteinte au *jus civile*. La législation française est bien différente. Elle est plus uniforme ; on n'y trouve que deux catégories d'actes, les uns complètement affranchis de toute règle positive, les autres assujettis à un rigoureux formalisme. Elle est aussi plus complète ; notre *jus civile* détermine lui-même quand et de quelle façon le magistrat pourra intervenir au nom de l'équité.

119. Comme nous l'avons fait observer à propos du droit romain, cette règle que le dol ne produit pas de nullités *ipso jure* comporte certaines exceptions résultant de la nature de l'erreur causée par les manœuvres.

L'erreur sur l'*objet* ou sur la *nature* des contrats ayant pour effet de supprimer le consentement, c'est-à-dire une condition essentielle d'après la nature des

fidei étaient censées se soumettre tacitement, ce qui explique comment, pour l'annuler, on pouvait user de l'action même à laquelle il avait donné naissance (V. *suprà*, no 52).

choses (1), la nullité d'inexistence de pareils actes s'impose à toute législation. Les commentateurs de notre droit ont reconnu cette vérité, ils ont même tout exprès créé le mot d'*erreur-obstacle* (2).

Les caractères de ces sortes d'erreurs ont été suffisamment précisés. Les hypothèses assez rares où elles peuvent être la suite du dol nous sont également connues (3).

120. Il y a lieu de rapprocher de l'erreur sur l'objet et sur la nature des conventions, l'erreur sur *l'existence de leur cause*. C'est là encore, si l'on veut, une *erreur-obstacle*. Cependant il importe de remarquer que la nullité tient moins à l'erreur qu'à l'absence d'un élément essentiel (4) (art. 1108 et 1131), la *cause*. Il est vrai qu'en dehors du cas d'erreur, on verra bien rarement des conventions faites sans cause.

Déjà, en droit romain, nous avons rencontré l'erreur sur la cause (5). Seulement, elle ne donnait lieu qu'à une nullité par voie d'action. Sauf cette réserve, ce qui a été dit sur la nature de la *cause* des *condictiones* s'applique à la cause du droit français.

La cause n'est donc pas un motif quelconque, mais seulement le *résultat juridique* à obtenir par suite de l'acte que l'on accomplit (6). Dans un prêt, par exem-

---

(1) V. *suprà*, no 25, *a*.

(2) Larombière, t. I, n° 29 ; Demolombe, *Traité des contrats*, t. I, n° 82.

(3) V. *suprà*, n₀ 29.

(4) V. *suprà*, n₀ 25 *b*.

(5) V. *suprà*, n° 79.

(6) C'est là ce que M. Demolombe appelle avec raison la cause

ple, l'obligation de l'emprunteur a pour cause le droit de propriété acquis sur les écus. Dans une novation, la nouvelle obligation a pour cause l'extinction de l'ancienne ; si donc cette dernière n'existait pas, le dol de celui qui m'a induit en erreur ne produit qu'un acte nul *ipso jure*, faute de cause. Dans les contrats synallagmatiques, il est très vrai de dire que l'obligation de chaque partie a pour cause l'obligation de l'autre. Mais il ne faut pas non plus oublier que, d'après notre droit, les contrats sont translatifs de propriété. Prenons pour exemple la vente d'un corps certain ; la cause de l'obligation de payer contractée par l'acheteur sera principalement le droit de propriété acquis sur la chose vendue et accessoirement le droit de créance contre le vendeur obligé à livrer et à garantir. L'article 1599 est purement et simplement l'application de ces principes ; si la vente de la chose d'autrui est nulle, c'est qu'elle manque de cause, la propriété n'étant pas transférée. On voit par là quelle sera la sanction du *stellionat* qui est une espèce de dol.

Pour résumer, disons qu'il y aura nullité faute de cause toutes les fois qu'en aliénant ou en s'engageant, on a cru (1) à tort acquérir un droit ou bien éteindre

finale (t. I, n° 345). Dans les actes de bienfaisance, le résultat juridique servant de cause est uniquement l'enrichissement de l'une des parties voulu par l'autre.

(1) Il faut que l'erreur porte sur l'existence de la cause et non pas seulement sur ses caractères accidentels. Si, par exemple, je m'engage à payer par voie de novation une dette naturelle dans la croyance erronée qu'elle était civilement obligatoire, la novation

une obligation. Tel sera l'effet indirect du dol lorsqu'il aura produit une erreur de cette nature.

121. Afin de compléter cette matière des effets indirects du dol par suite de l'erreur qui en dérive, il convient de rappeler que celle-ci produit quelquefois non pas une *nullité*, mais seulement une *annulabilité*. Il en est ainsi (art. 1110) lorsqu'elle porte sur les qualités substantielles de l'objet du contrat, ou même sur la personne avec laquelle on a l'intention de traiter si la considération de cette personne a été la cause principale de la convention (1).

Nous devons à ce sujet faire une remarque qui a son importance dans la théorie du dol. Au cas où de semblables erreurs sont le résultat des manœuvres accomplies par une personne restée étrangère à la convention formée, on pourra obtenir, pour cause d'erreur, une annulation qui n'aurait pu être prononcée pour cause de dol, ce dernier n'étant pas personnel à l'une des parties (art. 1116).

122. Terminons par une réflexion déjà faite à propos du droit romain (2).

Si parfois les effets du dol proviennent de l'erreur qu'il engendre, le plus souvent le résultat inverse se

---

est accomplie car elle a une cause : l'extinction parfaitement réalisée de la dette naturelle. Ceci n'implique pas d'ailleurs qu'elle ne puisse être annulée dans la suite pour erreur ou dol (V. Demolombe, *Traité des contrats*, t. 1., no 126).

(1) Nous avons laissé de côté l'étude des caractères propres à ces deux erreurs ; les développements qu'il eût fallu donner nous eussent par trop entraînés au delà des limites de notre sujet.

(2) V. *suprà*, no 31.

produit. Même dans la loi française, la règle est, en somme, l'inefficacité de l'erreur (1). Exceptionnellement, lorsqu'elle est causée par le dol, elle peut donner lieu à une réparation et rendre les actes juridiques annulables.

§ II. — Sanction générale.

SOMMAIRE.

123. Occupons-nous maintenant de la sanction propre du dol.

Dès le principe, nous écarterons une distinction qui a tenu une très grande place dans la première partie

(1) De Vareilles, *Étude sur l'erreur*, n° 287.

de cette étude, celle des actes *bonœ fidei* et *stricti juris*.

En droit français, les actes juridiques ont tous une même nature quant à la façon dont ils doivent être exécutés.

Assez souvent, on ajoute qu'ils sont tous *de bonne foi*. Il y a du vrai dans cette affirmation ; les articles 1134 et 1135 sur les effets des obligations en sont la preuve. Cependant ces actes ne sont pas *de bonne foi* au sens romain du mot (1).

Pour s'en convaincre, il suffit de se souvenir que la dictinction romaine s'inspirait de l'opposition établie entre la loi positive et l'équité. Celle ci était presque souveraine dans la procédure *bonœ fidei*. Le uge connu sous le nom d'*arbiter* n'avait point, au dire de M. de Savigny (2), « à appliquer le droit rigou-» reux, mais à déterminer ce que, dans le cas donné, » un homme honnête ferait de lui-même et sans con-» trainte. » Aujourd'hui, rien de semblable. Le juge, sans doute, interprète les conventions des parties et même les textes légaux, autant qu'il est possible, d'après les règles de l'équité. Mais, là se borne son pouvoir. Quelle que soit l'action dont il est saisi, il applique toujours la loi.

Les différences que nous signalons éclatent justement à propos du dol. Tandis que le juge romain des actions *bonœ fidei* s'était cru autorisé, en dehors de toute

(1) V. *suprà*, n° 118.
(2) *Traité de droit romain* (trad. Guenoux), t. V, p. 122.

disposition légale, à réprimer le dol au point de résoudre les actes qui s'en trouvaient entachés, nos magistrats sont obligés de puiser dans le Code le droit de
prendre des décisions semblables. Les textes qui le
leur accordent vont faire l'objet de notre étude.

124. Pothier (1) a exprimé d'une façon très juste
la raison d'être des dispositions légales concernant le
dol. Après avoir constaté qu'il n'y avait pas là une
cause de nullité essentielle, il ajoute : « Si ma promesse m'engage envers vous, le *dol que vous avez com-*
» *mis envers moi, en surprenant de moi cette promesse,*
» *vous engage à m'indemniser*, et par conséquent à me
décharger de cette promesse. »

Laissant pour le moment de côté le mode d'indemnité, nous ne retiendrons que son principe. La validité originaire de la convention est hors de cause ; si
le dol reçoit néanmoins une sanction, c'est à cause
des manœuvres qui le constituent, manœuvres imputables à leur auteur et dont il doit réparation puisqu'elles ont causé préjudice à autrui.

Tout le monde est d'accord pour voir là un cas
d'application de notre article 1382 : « Tout fait quel-
» conque de l'homme qui cause à autrui un dommage
» oblige celui par la faute duquel il est arrivé à le
» réparer. »

125. On le voit, l'article précité ne parle pas du dol.
Cependant personne, semble-t-il, n'a jamais mis en
doute que ses dispositions ne doivent s'étendre à lui.

(1) *Traité des obligations*, n° 29.

Nous n'en doutons pas non plus, mais encore croyons-nous qu'il faut dire pourquoi. On est d'autant moins dispensé de donner des raisons, que la question en soulève une autre bien plus importante et touchant de fort près à notre sujet. Quelles sont les limites du principe posé par l'article 1382?

Question capitale, car la résoudre, c'est dire dans quelle mesure notre droit subit l'influence de l'équité et quel est à cet égard le rôle du juge. Nous l'avons déjà indiqué (1) tacitement ou expressément à plusieurs reprises, et c'est à peine si nous avons, sous une forme dubitative, fait entrevoir la solution. Nous espérions pouvoir être maintenant plus clair et plus affirmatif. Il est fort à craindre que nous n'y parvenions pas. Rien n'est plus difficile que de présenter ici des principes certains et d'accord avec les idées généralement reçues sur notre législation. On peut aller jusqu'à se demander si le Code, en termes mal définis, n'a pas établi quelque chose de semblable aux anciennes actions et exceptions romaines fondées sur le dol.

126. Il semble bien que le législateur n'a pas eu directement en vue l'action et l'exception *doli*, mais qu'il a plutôt voulu faire revivre les actions directes et utiles de la loi *Aquilia* et les actions prétoriennes *quasi ex delicto* (2) On peut en juger par les exemples cités dans les discours du tribun Tarrible (3) et par ceux

(1) V. *suprà*, nos 109, 115, 118 *d*, 123.
(2) Dalloz, J. G. *Responsabilité*, nos 6 à 17.
(3) Locré, t. XIII, p. 58.

qui étaient rapportés à la suite de l'article 1382 dans le projet primitif (1). *Les dommages causés à l'occasion d'actes juridiques légalement faits* ne sont pas explicitement prévus.

Néanmoins, il faut convenir que l'on avait l'intention de donner à notre article une très large extension. Dans le rapport fait au Tribunat, il est dit (2) : « Tout » individu est garant de son fait ; *c'est une des premières* » *maximes de la société* : d'où il suit que si ce fait » cause à autrui quelque dommage, il faut que celui » par la faute duquel il est arrivé soit tenu de le ré- » parer. Ce principe, consacré par le projet, *n'admet* » *point d'exception.* »

Quelque général que soit le principe, on a pensé qu'il devait avoir des limites. La doctrine a même une tendance marquée à les rendre assez étroites. Il n'y a, suivant la plupart des auteurs, que les faits *illicites* en raison desquel on puisse être tenu à réparation.

Ce mot *illicite* n'est pas parfaitement clair et nous croyons qu'il n'est pas juste. Il n'y a à proprement parler d'illicite que ce qui est défendu par la loi : *tout ce qui n'est pas défendu par elle est permis et ne peut être empêché* (3). Or il est de nombreux actes d'imprudence, ou de négligence qui ne sont spécialement prévus par aucune loi et qui cependant tombent, sans nul doute, sous le coup des articles 1382 et 1383. Tels sont justement les textes qui les rendent illicites.

(1) Locré, t. XIII, p. 15.
(2) Id. p. 40.
(3) *Déclaration des droits de l'homme* de 1791, art. 5.

Il n'est pas nécessaire qu'ils le soient par ailleurs. S'il en était autrement il en résulterait pour dol, des conséquences universellement repoussées. Le dol seulement incident on bien commis par un tiers, ne réunissant pas les conditions exigées par l'art. 1116, ne serait pas illicite et ne pourrait donner lieu à des dommages-intérêts.

La limitation proposée est donc inacceptable; il faut en chercher une autre. Nous serions assez disposés à la formuler de la façon suivante : Ne tombent sous le coup de l'article 1382 que les actes qui ne constituent pas l'exercice d'un droit.

C'est là d'ailleurs un autre sens du mot *illicite*, sens plus étendu et moins exact ; car pour donner naissance à un droit, il ne suffit pas du silence de la loi, il faut encore l'accomplissement d'un *fait juridique* (1). Ainsi, l'usage d'un droit réel, à l'encontre de tous ; l'usage d'un droit personnel, à l'encontre du débiteur, ne pourraient devenir une cause d'indemnité.

Ces limites paraissent dictées par la raison, et pourtant la jurisprudence ne les a pas respectées. On peut voir, dans les codes annotés de Dalloz, rangées sous cette rubrique : *Exercice d'un droit avec intention de nuire*, de longues colonnes d'arrêts rendus en exécu-

______

(1) Remarquons en passant, que, dans l'hypothèse du dol, on doit considérer comme la cause du dommage, non pas le fait juridique valablement fait, mais bien les manœuvres qui l'ont provoqué (V. *suprà*, no 124, la citation de Pothier). Aussi, cette nouvelle limitation, si elle était acceptée, ne ferait pas obstacle à la réparation du dol non prévu par l'article 1116.

tion de l'article 1382 (1). L'exercice du droit réel de propriété manifesté par un usage de sa chose conforme à l'article 544; l'exercice du droit de créance manifesté par des poursuites légales y sont considérés comme des motifs suffisants de dommages-intérêts, lorsque l'on y découvre de la malveillance. Et ceci au nom « des principes de la morale et de *l'équité* (2). » Dans notre ancien droit, Domat ne s'exprimait pas autrement (3) : « Celui qui use de son droit n'est pas tenu du dom- » mage qui pourra en arriver; si ce n'est qu'il ne fît ce » changement que pour nuire aux autres (4) sans » usage pour soi. Car, en ce cas, ce serait une malice que » *l'équité* ne souffrirait point. »

L'*équité*, la voilà donc qui entre par une porte toute grande ouverte dans notre droit. C'est elle seule qui formera la limite cherchée (5). Le juge pourra la faire prévaloir contre les droits consacrés par cette loi positive condamnée à être toujours imparfaite.

S'il en est ainsi, pourquoi se le dissimuler ? Nos

(1) Un certain nombre de ces arrêts ne sont pas bien placés sous cette rubrique car ils constituent moins l'exécution d'un droit proprement dit que l'accomplissement d'un acte licite parce qu'il n'y a pas de loi pour le défendre.

(2) Colmar, 2 mai 1855. Dall. 56, 2, 10.

(3) *Lois civiles*, livre II, S. 3, no IX.

(4) Le code prussien contient une disposition expresse en ce sens ; Les dommages-intérêts sont dùs, lorsque, entre plusieurs manières d'exercer son droit. on a choisi dans le dessein de nuire à un autre, celle qui pouvait lui être préjudiciable (tit. 6, no 36). Toullier. T. VI, 1er partie, no 119.

(5) Tel est évidemment le sens dans lequel on doit interpréter la loi 55, D. De r. j . « *Nullus videtur dolo facere qui suo jure utitur.* »

magistrats deviennent des sortes de préteurs. Il est
permis de dire de l'article 1382 qu'il a été introduit :
« *adjuvandi, vel supplendi, vel corrigendi juris civilis*
» *gratia* » (1).

Faut-il se plaindre d'une disposition qui ressemble
à un aveu de faiblesse fait par le législateur ? Lorsque
l'on considère l'œuvre admirable à accomplir par le
préteur en droit romain, on est déjà disposé à répondre
négativement. Et maintenant que les préventions de
la doctrine contre la jurisprudence tendent de plus en
plus à disparaître, on ne peut disconvenir que l'influence
de cette dernière sur notre droit ne produise les plus salu-
taires effets. C'est une prétention contraire au sens pratique des choses et à la volonté du législateur, que de
vouloir réduire le rôle du magistrat à une interprétation judaïque des textes.

D'ailleurs, si loin que l'on étende ce rôle, il restera
toujours des différences entre nos magistrats et les préteurs romains. Notre législation est par elle-même plus
équitable que le *strictum jus*, elle aura donc moins
souvent besoin de tempéraments en ce sens. De plus,
si, chez nous, le juge suit l'équité, *il en puise le droit
dans la loi elle-même*, et, par cela seul, celle-ci reprend
ou plutôt conserve tout son empire.

La série de nos déductions en est donc venue à légi-
timer cette maxime que nous trouvions hasardée : *Le
dol et la fraude font exception à toutes les règles* (2). Et

(1) D. *De just.* et *jure*, l. 7, § 1.
(2) V. *suprà*, no 109 et les arrêts cités, note 4.

l'on voit que le mot *dol* n'est pas éloigné d'avoir un sens détourné aussi étendu que le *dolus* du droit romain. Il sert également à qualifier des actes qui, sous le couvert du droit civil, blessent l'équité naturelle : « *per occasionem juris civilis contra naturalem æquitatem* (1) ».

127. Est-ce à dire que toutes les difficultés soient écartées? Il s'en faut de beaucoup. Notre Code contient plus d'un texte en contradiction formelle avec le principe généralisé de l'article 1382, les discussions préparatoires ne peuvent nous éclairer, elles manquent presque complètement; il paraît probable que les praticiens chargés de la rédaction du projet se sont bornés à y insérer l'une de ces maximes dont les conséquences, dans notre ancien droit, leur étaient familières. D'autre part la jurisprudence, peu fixée sur l'étendue de ses pouvoirs, n'a jamais poussé jusqu'au bout la théorie suivant laquelle le dol et la fraude font exception à toutes les règles.

Prenons des exemples. L'article 1328 qui détermine les faits susceptibles de donner date certaine aux actes sous seing privé, la loi de 1855 sur la transcription peuvent devenir l'occasion de bien des fraudes. La plus simple est celle-ci : Une vente a été faite, mais l'acte sous-seing privé n'a pas encore été enregistré, ou bien, depuis 1855, l'acte n'a pas été transcrit; profitant sciemment du retard, un second acheteur fait enregistrer ou transcrire le nouveau contrat passé avec le premier vendeur ou son représentant. Cet acheteur

____

(1) D. *De doli mali et m. except.* l. 1, § 1.

commet une fraude (1); mais, pour l'atteindre, la jurisprudence fait une distinction. Y a-t-il eu collusion avec
le vendeur? les arrêts (2) font échec à la loi et main-
tiennent la première vente. Et, à ce propos, il est bon
de citer les paroles prononcées par un commissaire
du gouvernement en 1855; envisageant une hypothèse
analogue, il déclara (3): « qu'une pareille manœuvre
» constituerait un *dol* et une fraude dont les magistrats
» feraient *nécessairement* justice. » Si maintenant, l'on
suppose que le vendeur ignorait le premier contrat, il
n'y a plus fraude concertée, mais il y a encore chez
l'acheteur un acte de mauvaise foi qui devrait, malgré
la consécration légale, l'obliger à réparation; cependant l'on est d'accord pour en décider autrement.

M. Boissonnade, dans une très remarquable dissertation en tête de laquelle il a placé le texte de l'article
1382 et la maxime : *fraus omnia corrumpit*, s'est élevé
avec beaucoup de force et de logique contre la seconde
solution (4). Et pourtant lui-même a été d'avis que les
juges se trouvaient liés par les règles sur la preuve.

(1) V. *suprà*, no 108.
(2) Agen, 12 mai 1830, cité par Bédarride, t. I, no 87; Cass. octobre 1858, Dall. 59, 1, 84.
(3) Dalloz. J. G. *Transcription* p. 686.
(4) *Revue pratique*, t. XXX, p. 537. A ce propos, il importe de remarquer que les effets de l'article 1382 se limitent nécessairement
à la personne de mauvaise foi. C'est le cas d'appliquer entièrement
les principes développés à propos du dol indirect (V. *suprà*, no 17).
Par conséquent, dans notre hypothèse, si le second acheteur a
lui-même vendu à un tiers de bonne foi, ce dernier sera hors
d'atteinte; et le premier acheteur, au lieu d'obtenir une restitution,
ne pourra réclamer qu'une indemnité.

.Or, en toute logique, on peut raisonner de la sorte : celui qui abrite sa mauvaise foi derrière la prohibition de la preuve testimoniale abuse de son droit, il peut donc être condamné à réparer sa fraude. Quant à la preuve par témoins de cette fraude, c'est-à-dire du mensonge qui est commis, elle ne rencontre aucune difficulté, elle est permise par les articles 1353 et 1348.

Bien plus encore que les règles sur la preuve, les dispositions du Code sur la lésion sont battues en brèche par l'application toujours logique de l'article 1382. Nous ne reviendrons pas sur ce qui a été dit à propos du *dolus re ipsa*. Nous voulons seulement montrer qu'il n'est pas nécessaire ici de pousser le principe à ses dernières conséquences et que l'on trouve les plus grandes analogies avec le dol non prévu par l'art. 1116.

En effet, il n'y a véritablement lésion que lorsqu'il y a eu précédemment un vice du consentement, erreur ou crainte (1). On ne peut se plaindre d'un appauvrissement que l'on a accepté en toute liberté, c'est une donation déguisée. Or le plus souvent, c'est très sciemment que l'une des parties abuse de l'état d'erreur ou de crainte où se trouve l'esprit de l'autre. Cet acte de mauvaise foi devrait obliger à réparation au même titre que les manœuvres constitutives du dol. Et, pour l'at-

(1)V. Demolombe, *Contrats*. T. VI, p. 36. Ainsi, il y a crainte chez celui qui contracte sous l'empire d'un impérieux besoin. Il y a erreur ou ce qui revient au même(V. *suprà* no 107(note 2), ignorance chez le prodigue qui ne réfléchit pas avant de s'engager et qui souvent s'abuse intentionnellement. Dans ce cas, et dans bien d'autres la lésion n'est pas compliquée d'un dol négatif.

teindre, il suffit (1) d'étendre le domaine de l'article 1382 aux faits licites ne constituant pas l'exercice d'un droit.

Les derniers exemples qui viennent d'être cités ont pour but principal de bien faire voir que la matière reste encore environnée de contradictions et d'obscurités. Nous sommes intimement persuadé que, dans l'esprit du législateur, le principe de la réparation du préjudice causé n'était pas sans limites. La jurisprudence elle-même n'en juge pas autrement; elle est trop prudente et trop sage pour ne pas faire céder, sauf très exceptionnellement, l'article 1382 devant des *règles d'ordre public* telles que celles qui concernent la preuve (2) et la lésion. Enfin, conformément à l'esprit des rédacteurs du Code, elle s'inspire toujours dans l'interprétation de notre article de *la tradition de l'ancien droit* (3).

Voilà deux *criteriums* qui ne permettent guère de s'égarer. Ajoutons qu'ils nous donnent le droit d'affirmer avec certitude que les manœuvres constitutives du dol proprement dit forment une source légale de l'obligation d'indemniser.

128. Conformément à la règle générale : pas d'intérêt, pas d'action. L'article 1382 ne devient applicable que s'il y a eu un préjudice causé par le dol, *eventus*

(1) V. *suprà* no 126, note 1.
(2) V. *infrà* no 137, note 3.
(3) Il faut ajouter que dans l'application de l'article 1382, les tribunaux devront apporter bien des tempéraments analogues à ceux qui ont été indiqués à propos du dol toléré. V. *suprà*, no 111.

damni. La première condition est donc que les manœuvres aient produit leur effet naturel, l'erreur. S'il en était autrement, on ne pourrait se plaindre, le consentement ayant été donné en toute connaissance de cause. Il faut en outre que l'erreur ait entraîné un dommage; mais ici on interprétera largement, le dommage ne doit pas s'entendre seulement d'un appauvrissement matériel; pour qu'il existe il suffit que sur l'ensemble ou les conditions du contrat on se soit engagé autrement que l'on eût voulu le faire (1).

La réparation du préjudice est exigible de la personne à laquelle il est imputable, c'est-à-dire de l'auteur des manœuvres. Au cas très fréquent où ce dernier est en même temps partie au fait juridique entaché de dol, les dommages-intérêts auxquels il sera condamné constitueront déjà une sorte d'invalidation de l'acte accompli. Mais, l'article 1116 n'existerait-il pas, que rien ne s'opposerait à ce que le juge prononçât, comme mode de réparation, une annulation totale ou partielle, suivant que le dol a été principal ou incident. La façon d'indemniser la plus sûre est de remettre les choses dans l'état où elles se trouveraient s'il n'y avait pas eu dol.

Il est entendu que cette annulation, équivalant à des dommages-intérêts, serait toute relative. Elle n'aurait d'effet qu'entre les parties et ne pourrait nuire en rien aux droits des tiers, acquéreurs ou créanciers. Sans rien préjuger à l'égard du dol principal prévu

(1 V. *suprà*. no 14, note 1.

par l'article **1116**, cette remarque conserve son importance relativement au dol incident.

129. Bien que les termes propres à la procédure romaine aient disparu de notre législation, cependant le fond des choses n'a pu subir de modification essentielle. Aussi pouvons nous dire que l'article 1382 confère à la victime du dol une action et une exception.

Une *exception*, non seulement parce que le défendeur pourra, aux poursuites du demandeur, opposer sa réclamation d'indemnité, mais surtout une exception au sens scientifique du mot.

On doit distinguer trois modes de défense (1). Le premier consiste à nier l'existence du droit qui sert de base à la demande ; le second à soutenir que, si ce droit a existé, il est actuellement éteint, le troisième enfin à invoquer un droit de nature contraire susceptible de l'emporter sur l'autre et d'amener ainsi son invalidation.

Ce dernier mode de défense est l'*exception* ; on voit, en premier lieu, que par son essence, il n'a rien qui soit spécial au droit romain ; et en second lieu, qu'il se rattache intimement à la théorie de l'annulabilité (2).

C'est le lieu de rappeler ces paroles déjà citées de Bigot-Préameneu (3) : « Quoique, dans le consente-
» ment, il y ait eu erreur, violence ou dol,... le con-

---

(1) Goudsmit, § 94, p. 261 et s. ; de Savigny, t. V, p. 196 et s.
(2) V. *suprà* no 26.
(3) V. *suprà* no 117, Locré, t. XII, p. 320.

» trat conserve la même force que s'il était légitime,
» jusqu'à ce que *ces exceptions* aient été prouvées par
» celui qui les oppose. »

De la sorte, tout droit quelconque né du dol et opposable à celle des parties qui a trompé l'autre peut être qualifié d'*exception*. Il en est ainsi non seulement du droit général à une indemnité, mais encore *a fortiori* du droit de rescision des articles 1116 et 1117.

130. L'action de l'article 1382 est avant tout une action en réparation. Elle n'est donc pas soumise à la prescription exceptionnelle de dix années des actions en nullité ou en rescision (art. 1304). Conformément au droit commun, elle se prescrit par trente ans.

Il faut placer le point de départ de cette prescription au jour où l'acte a été souscrit. C'est à ce moment que le préjudice a été injustement causé et que l'obligation de réparer a pris naissance en vertu de l'article 1382.

Outre la prescription, l'auteur du dol peut encore opposer à la demande de réparation d'autres fins de non-recevoir, et par exemple une renonciation expresse ou tacite. De plus, la preuve étant libre (1) en cette matière aussi bien pour la défense que pour l'attaque, les juges pourront tirer de certains faits une présomption de renonciation tacite. C'est ainsi qu'ils repousseraient la demande, si la victime du dol, après avoir exécuté l'acte et découvert la tromperie, avait sans motifs laissé écouler un long espace de temps avant d'agir.

(1) V. *infra* no 137.

Cette remarque enlève presque toute son importance à une question qui a divisé les auteurs. Lorsque les conditions exigées par l'article 1116 se trouvent réunies, celui qui a laissé prescrire par dix ans à dater de la découverte du dol (1) (art. 1304) son action en rescision peut-il encore agir en indemnité (art. 1382), si le délai de trente ans n'est pas expiré? Nous croyons qu'il le peut en principe (2), car les deux actions sont entièrement distinctes; mais en général il sera repoussé par une fin de non-recevoir tirée de la ratification tacite. L'action fondée sur l'article 1382 ne réussirait que si la victime du dol, expliquant son abstention par des raisons plausibles, parvenait à faire tomber la présomption de renonciation (3). On le voit, notre système apporte à l'article 1304 un tempérament d'équité, mais il est bien loin de détruire indirectement ses dispositions.

(1) S'il n'a pas exécuté l'acte, il n'aura pas besoin de recourir à l'article 1382, il lui suffira d'opposer la rescision par voie d'exception (V. *infrà*, n° 165).

(2) Un arrêt de la cour d'Aix (23 décembre 1843, Devill. 44, 2, 303) a refusé le droit d'agir en vertu de l'article 1382 à l'acheteur qui laisse écouler le délai légal de l'action pour vices rédhibitoires. Mais l'hypothèse est différente de la nôtre, car la législation relative à ces vices est fondée sur des considérations d'ordre public et la courte prescription qu'elle a établie s'applique même à l'action *quanti minoris* (art. 1648). Toutefois nous n'adopterions pas la doctrine de cet arrêt au cas où le vendeur serait en outre coupable de dol (V. *infrà*, n° 167, note 1).

(3) On doit remarquer que la renonciation à l'action en dommages-intérêts ne se trouve pas nécessairement liée à l'idée de ratification. Celle-ci serait-elle expresse, que les juges pourraient encore avoir à rechercher l'intention des parties sur ce point; recherche tout à fait analogue à celle que nous indiquons.

131. Il n'entre pas dans le plan de cette étude de présenter la théorie du dol au point de vue criminel. Cependant nous devons au moins indiquer deux conséquences civiles fort importantes qui se présentent, lorsque les manœuvres destinées à tromper tombent sous le coup de la loi pénale.

a) L'action civile en réparation du préjudice causé par les délits criminels se prescrit par le même laps de temps que l'action publique (art. 637, 638, 640. C. instr. crim.). Or ce laps de temps est, dans tous les cas, inférieur à trente années. Dès lors, la personne lésée par un dol criminel aura pour se faire indemniser un délai plus court que si elle avait eu à souffrir d'un acte moins répréhensible.

Une semblable disposition paraît peu raisonnable. Elle s'explique cependant par cette considération que le législateur a pensé qu'il y aurait scandale à établir, en face de la justice, l'existence d'un fait punissable échappant à sa répression.

Nous ne rechercherons pas de quel côté se trouve le plus grand scandale. Nous acceptons la raison telle qu'on la donne. Mais nous pensons qu'elle n'a pas une

______

(1) Le dol criminel est caractérisé par le but des manœuvres. Celles-ci tendent, non plus seulement à obtenir de la personne trompée un marché avantageux, mais bien à la dépouiller complètement (art. 405 C. p.). Dans ces conditions, le résultat des manœuvres sera presque toujours une nullité *ipso jure*. Une convention par exemple ne se formerait pas si l'une des parties avait, au lieu de l'intention de contracter, celle d'escroquer la chose qui en fait l'objet; il est clair qu'il n'y aurait pas accord entre les volontés (V. n° 29).

si grande valeur que l'on doive l'étendre au-delà des textes impératifs et de ses limites logiques.

Le demandeur reste libre, suivant nous, de motiver ses poursuites sur l'article 1382, à la condition ordinairement facile à remplir de décrire les faits constitutifs de dol sous la forme d'un simple délit civil (1). Le défendeur ne peut alléguer lui-même sa propre turpitude. Et le juge irait directement contre l'esprit de la loi, si, l'enquête terminée (2), il déclarait que les faits reprochés, en raison de leur gravité, échapperont non seulement à la répression pénale, mais encore à la répression civile.

b) L'article 55 du Code pénal établit la solidarité légale entre les personnes condamnées pour un même délit criminel.

En cas de dol atteint par la loi pénale, cette disposition sera applicable aux auteurs et complices des manœuvres. S'il y a simple délit civil, la solidarité n'aura certainement pas lieu de plein droit ; il faut en effet pour cela une disposition de la loi (art. 1202), et nous n'en connaissons pas. Mais, l'article 1382 donnant aux

(1) Dans ce cas, l'acte juridique consenti par la victime du dol ne sera pas présenté comme nul *ipso jure* (note précédente) ; et l'on pourra fréquemment exercer, outre l'action fondée sur l'article 1382, l'action en rescision de l'article 1147.

(2) Lorsque les faits sont décrits de telle sorte qu'ils constituent évidemment un délit criminel, le juge doit appliquer la loi, il y a une fin de non-recevoir. Mais si les faits sont simplement allégués sous la forme d'un délit civil, force est au juge d'examiner la demande, il ne peut l'écarter *a priori*; dès lors le motif qui a dicté l'article 637 manque, puisqu'il tend uniquement à empêcher la preuve.

juges plein-pouvoir pour assurer la réparation du préjudice causé, on en conclut légitimement qu'ils ont le
droit de prononcer d'une façon expresse la solidarité,
lorsque cette mesure forme le complément nécessaire
des dommages-intérêts.

§ III

Sanction spéciale.

SOMMAIRE

132. Articles 1116 et 1117. Renvoi au chapitre suivant.
133. La rescision établie par ces textes est opposable à tous. Critique du système admis par le Code.
134. Dans quelles hypothèses il est avantageux de recourir à l'action
de l'article 1382.

132. L'article 1382 ne prévoit le dol que d'une façon générale ; voici maintenant deux textes qui en font
leur objet tout spécial. L'article 1116 présente le dol
comme une cause de nullité, lorsqu'il est *principal* et
imputable *personnellement* à l'une des parties. L'article
1117 déclare que cette nullité n'a pas lieu de plein droit,
mais au moyen d'une action en rescision.

Nous avons réservé à l'étude détaillée de cette action
un chapitre particulier. Mais nous croyons utile de
présenter immédiatement des notions sur sa nature et
ses rapports avec le principe de l'article 1382.

133. Disons-le de suite, nous croyons toujours voir
là une application de ce même principe de réparation

du préjudice causé par les manœuvres (1). Seulement, ce sera une réparation plus large, plus étendue, et telle que le législateur seul pouvait la faire.

Il faut bien en effet supposer que la loi n'a pas parlé pour ne rien dire, et que nos articles contiennent autre chose que cette annulation toute relative qui est déjà, entre parties, la conséquence de l'article 1382 (2).

Malgré les raisons très plausibles que l'on fait valoir en sens contraire, nous sommes persuadé, et nous venons d'indiquer le premier motif de notre conviction, que la nullité de l'article 1116, une fois prononcée, est opposable à tous, successeurs à titre universel, créanciers, acquéreurs à titre particulier.

Ce qui a été fait par le Code est facile à préciser. Au lieu d'organiser des recours personnels, il a rétabli, en la généralisant beaucoup, la *restitutio in integrum propter dolum* (3) du droit romain. A tort ou à raison, il a jugé que c'était là le moyen normal d'assurer une entière réparation du préjudice causé. Sa pensée à cet égard n'est pas douteuse. Dans les articles 1116 et 1117, il n'est point parlé d'une action de dol, mais, ce qui est fort différent, d'une rescision pour cause de dol. Or, qu'est-ce que la rescision ? Ce terme autrefois à peu près ynonyme de restitution en entier, a toujours indiqué un recours *in rem*. « Lorsqu'il y a lieu de rescision, » disait Domat (4), elle a son effet non seulement contre

(1) V. *suprà,* n° 124.
(2) V. *suprà,* n° 128.
(3) V. *suprà,* n° 98 et s.
(4) *Loix civiles,* l. 4, t. VI, s. I, § 6.

» les personnes de qui le fait y a donné lieu, mais aussi
» contre ceux qui les représentent, et les tiers posses-
» seurs. » Le sens attaché au mot rescision n'a nullement
changé dans notre droit moderne, la preuve en est écrite
dans les articles 1681 et 2125. D'ailleurs, personne ne
doute des effets réels de la rescision, lorsqu'elle a pour
cause la violence ou l'erreur. Comment serait-il possible
de distinguer, alors que la loi (art. 1117) met absolument sur la même ligne les trois causes de nullité ?
Il y aurait là trop d'arbitraire.

Ajoutons que le système contraire devient tout à fait
insoutenable, lorsque, pour le rendre plus admissible,
on essaie de faire une différence entre les créanciers de
l'auteur du dol et ses acquéreurs à titre particulier.
Opposable aux premiers, la nullité ne le serait pas aux
seconds. La résolution serait à la fois réelle et personnelle. Vraiment, il est impossible d'admettre un résultat
si extraordinaire en dehors des textes, pour ne pas dire
contrairement aux textes (1).

Ce n'est pas, répétons-le, que nous trouvions sans
fondement les objections faites contre la théorie du
Code. Le principe général est bien que la réparation
du dol doit être exigée de son auteur seul. Nous l'avons
dit à propos du dol indirect (2), il y a à peu près les
mêmes raisons d'épargner les successeurs à titre particulier (3) que les contractants qui profitent à leur insu

(1) Demolombe, *Traité des contrats*, t. I, nº 190 ; Bédarride, t. I,
nº 277 ; Duranton, t. X, nº 180.
(2) V. *suprà*, nº 113.
(3) La bonne foi du sous-acquéreur ne sera pas complètement

du dol commis par un tiers. Cependant, le droit romain lui-même admettait que ces règles devaient parfois souffrir des exceptions, notamment en cas d'insolvabilité de la personne responsable (1). De tout temps, on a considéré qu'un intérêt majeur s'attachait à la réparation du préjudice causé par une injuste spoliation: *Spoliatus, ante omnia restituendus*. Si l'on doit blâmer notre législateur, ce n'est pas d'avoir rétabli la *restitutio in integrum*, mais seulement de l'avoir géréralisée. Peut-être, eût-il mieux fait de s'en remettre ici encore à la sagesse du juge, au lieu de se guider uniquement d'après la maxime : *Nemo plus juris ad alium transferre potest, quam ipse habet.*

134. L'action de l'article 1117 nous est assez connue par les développements qui précédent, pour que nous puissions la comparer à celle de l'article 1382.

Nous voyons quatre hypothèses où l'on aura avantage à employer cette dernière:

a) Il est à peine besoin de le dire, lorsque les conditions requises pour la rescision ne sont pas réunies. Ce qui se présente, si l'on a seulement eu à souffrir d'un

dénuée d'effets, elle lui permettra de faire les fruits siens, et si elle repose sur un juste titre, de prescrire par dix ou vingt ans.

(1) V. *suprà*, n° 101. En outre les Romains avaient admis que les moyens tirés du dol étaient toujours opposables aux ayants cause à titre gratuit (V. *suprà*, n° 75). Un système intermédiaire s'inspirant de l'article 446 C. comm. a pour but de faire revivre la tradit on romaine en limitant l'exercice de l'action en rescision à la poursuite des tiers acquéreurs à titre gratuit. Ce système manque de fondement dans notre droit, et il méconnaît la tradition, car notre action en rescision a pris la place, non de l'action et de l'exception *doli*, mais de la *restitutio in integrum*.

dol incident ou bien indirect au sens de l'article 1116 (1).

b) Dans le cas fort rare où, l'action en rescision étant éteinte par l'expiration du délai de dix ans, l'obligation d'indemniser n'est couverte ni par la prescription de trente ans, ni par une renonciation tacite (2).

c) Lorsque la nullité prononcée ne suffit pas à compenser le préjudice souffert. Il est évident que l'auteur du dol ne peut prétexter de la résolution, pour se soustraire à son obligation de réparer intégralement le dommage qu'il a occasionné. Outre sa demande principale, la partie lésée conclura au paiement de dommages-intérêts.

d) Enfin, la victime du dol est libre de laisser de côté son action en rescision et d'intenter simplement une demande d'indemnité. Le défendeur n'a pas le droit de se plaindre du choix de son adversaire, car ce n'est pas à lui de déterminer la façon dont il réparera sa faute ; il peut, sans doute, avoir intérêt à ce que tel mode soit employé plutôt que tel autre, mais cette considération n'est pas valable aux yeux de la morale et de la justice (3), il doit s'en prendre à lui-même.

Il est clair que la partie lésée devra se borner à exercer l'action de l'article 1382, si elle tient à conserver ce qu'elle a reçu, ou si elle ne veut pas reprendre ce qu'elle a donné. Les circonstances ont pu faire qu'elle

(1) V. *supra* nos 112 et 113.
(2) V. *supra*, n° 130.
(3) Bédarride, t. I, n° 275.

désire maintenir un contrat que jadis elle n'eût pas consenti (1). Ceci n'empêche pas qu'elle ait éprouvé un préjudice dont il faut l'indemniser (2).

§ IV

Règles sur la preuve.

135. L'exercice des voies de recours ouvertes à la victime du dol est subordonné à la preuve à fournir par elle des faits allégués.

Les deux actions en dommages-intérêts et en rescision sont, en matière de preuve, soumises à des règles semblables. Il n'y a donc pas lieu d'en scinder l'étude.

136. Aux termes de l'article 1116 : *Le dol ne se présume pas et doit être prouvé.*

(1) Un acheteur, par exemple, ayant acquis une maison, est venu y habiter avec sa famille; après avoir découvert la tromperie, il préférera souvent ne pas changer sa nouvelle installation.

(2) Il ne faudrait pas croire que la rescision fût impossible et l'action en indemnité seule applicable, lorsque les choses livrées ayant péri par cas fortuit ou autrement, leur restitution est devenue impraticable. Nous verrons en effet (*infrà* n° 155) que, l'annulation une fois prononcée, les règles sur le paiement de l'indû doivent être suivies (art. 1378-1381). Ainsi, quand bien même la victime du dol ne peut rendre en nature ce qu'elle a reçu, elle a le droit de se faire restituer ce qu'elle a donné.

Proposition d'une évidence incontestable et qui résulte directement du principe général de l'article 1315. Il faut prouver le droit dont on réclame l'exécution.

Quelle raison y avait-il de le décréter spécialement à propos du dol ?

M. Demolombe (1) pense que les rédacteurs du Code ont simplement reproduit une maxime trouvée dans le *Traité des obligations* de Pothier (2). Et Pothier lui-même l'avait empruntée au droit romain : *Dolum non nisi perspicuis indiciis probari convenit* (3).

Peut-être bien aussi a-t-on voulu marquer par là que le fait de la lésion dans un contrat n'était pas à lui seul une présomption suffisante pour conclure au dol de a partie avantagée. Ce serait la condamna on formelle des idées (4) émises par Portalis et Cambacérès au sujet du *dolus re ipsa*.

137. Le dol doit être prouvé, mais de quelle façon ?

Il ne saurait être question ici des prohibitions renouvelées de l'ordonnance de 1556. Ce serait assurer indirectement à la mauvaise foi une impunité complète.

Tous les modes de preuve seront reçus. Malgré l'argument offert par le dernier alinéa assez inutile de l'article 1116 ; il est certain que l'on peut recourir à de simples présomptions, ainsi en dispose le Code dans

(1) *Traité des contrats*, t. 1, n° 188.
(2) N° 30.
(3) C. *de dolo m*. 1. 6.
(4) V. *suprà*. n° 114.

un texte absolument formel (art. 1353). A plus forte raison (1), sera admise la preuve testimoniale.

Il ne peut y avoir de doute sur ce dernier point. Le dol consiste toujours en un acte dommageable commis avec intention de nuire, donc en un délit au moins civil. Or, l'article 1348 autorise la preuve par témoins des obligations qui naissent des délits. D'autre part, nous n'entendons pas parler des fraudes de toute nature, mais seulement du dol proprement dit, ou, en d'autres termes, des tromperies qui déterminent et, par conséquent, précèdent l'accomplissement de faits juridiques (2). Il suit qu'on ne peut songer à appliquer la distinction faite par la jurisprudence pour sauvegarder les prohibitions légales concernant la preuve testimoniale (3), distinction dont le but est de placer dans une catégorie à part les délits qui supposent l'existence antérieure d'un fait juridique dont la preuve écrite est exigée par le Code. Enfin, si l'on va au fond des choses,

(1) Il est reconnu que la rédaction de l'article 1353 est vicieuse ; en l'interprétant littéralement on arriverait à cette conséquence inadmissible et condamnée par l'article 1348 que le dol pourrait être prouvé par des présomptions et non par le témoignage.

(2) Lorsque l'une des parties a déterminé l'autre à contracter en prenant verbalement des engagements qu'elle n'a pas tenus dans la suite, la preuve par témoins doit vraisemblablement être écartée. En pareil cas, on n'a pas à se plaindre d'un véritable dol, mais seulement de l'inexécution de certaines conditions d'un contrat dont la preuve écrite (au-dessus de 150 fr.) doit être rapportée.

(3) Dalloz J. G. *Obligations*, nos 4888, 4901, 4903. Cette distinction sert à concilier les règles sur la preuve avec l'interprétation large donnée à l'article 1382 qui permet de ranger au nombre des délits civils presque tous les actes préjudiciables à autrui accomplis de mauvaise foi (V supra, n° 127).

il est clair que cette impossibilité d'obtenir un acte
écrit qui est le fondement des exceptions de l'arti-
cile 1348 se trouve pleinement réalisée dans l'hypothèse
du dol. « La victime, dit à ce propos Bédarride (1), si
» elle eût soupçonné les manœuvres dont elle a été
» l'objet, n'aurait certes pas contracté. Elle les a donc
» forcément ignorées ; elle n'a pu conséquemment s'en
» procurer une preuve écrite. »

138. Pour être complète, la preuve du dol devra
porter sur deux faits: d'abord sur l'existence des manœuvres destinées à tromper, puis sur l'erreur qui a dû
en être la suite ; car, sans erreur, pas de préjudice possible (2).

Le premier point est assez facile à établir, il résultera fréquemment de la déclaration des témoins. La
preuve de l'erreur est bien plus difficile à fournir. C'est
là un fait tout intérieur qui ne peut être connu autrement que par des présomptions. Or, il y a déjà lieu
de tirer en ce sens une très grave présomption des
tromperies dirigées contre la personne qui prétend en
avoir été la victime. Nous croyons même que, dans la
plupart des cas, l'existence des manœuvres une fois
démontrée, ce sera à leur auteur à établir qu'elles
n'ont pas été suivies d'effet, l'erreur se présumera.
Assez souvent, il sera nécessaire d'aller plus loin. La
personne trompée qui veut exercer l'action en rescision
doit prouver non seulement qu'elle a été abusée par
l'erreur, mais qu'elle l'a été par une erreur suscepti-

(1) T. I, n₀ 239.
(2) V. *suprá*, n° 128.

ble de caractériser le dol principal (art. 1116). Ici encore, il faudra recourir à des présomptions que l'on tirera, en général, de la nature et du but des manœuvres employées pour tromper.

139. Les juges du fait ont mission d'appliquer les règles sur la preuve. Ils constatent *souverainement* l'existence des divers éléments constitutifs du dol. Mais la détermination de ces éléments est une question de droit qui peut donner lieu à un recours en cassation.

Il n'y aura donc pas de recours possible si les juges ont déclaré à tort que des manœuvres avaient été accomplies par telle personne, et que telle autre était tombée dans une erreur susceptible ou non de la déterminer à contracter. Le pourvoi serait au contraire fondé, s'ils avaient qualifié de dol prévu par l'article 1116, des manœuvres qui, d'après les faits de la cause constatés par eux-mêmes, n'auraient produit aucune erreur, ou bien seraient l'œuvre d'un tiers (1).

(1) Demolombe, *Traité des contrats*, t. 1, n_o 174 ; Dalloz, J. G. *Obligations*, n_o 224, Cassation, n_{os} 1712 et 1713.

CHAPITRE III

DE L'ACTION EN ANNULATION

§ 1. — Généralités.

SOMMAIRE.

A. — 140. *Annulabilité* des actes juridiques entachés de dol.
141. Fondement de l'action. C'est moins le vice du consentement
que le préjudice injustement causé.
142. Origine de l'action. *Restitutio in integrum* du droit romain,
rescision de notre ancien droit.
B. — 143. L'action en annulation s'applique à tous les faits juridiques volontaires.

A. — 140. Il est à peine besoin de rappeler que
l'existence d'une action en annulation fondée sur le dol
suppose nécessairement que les actes entachés à leur
origine de ce vice sont néanmoins doués de vie juridique. Aux termes mêmes de notre Code, ils ne sont
pas nuls de plein droit (art. 1117). Et en effet, on ne
saurait concevoir une action tendant à détruire ce qui
est déjà nul. Parlant d'un engagement de cette dernière espèce, le tribun Jaubert disait avec beaucoup de
justesse : « Il est tout simple que celui qui l'a souscrit
» n'ait pas besoin de recourir à la justice pour se faire
» dégager, ou que du moins, à quelque époque qu'il

» soit poursuivi, il soit admis à répondre qu'il n'y a
» pas d'obligation (1). »

Ce point important a été mis en lumière à plusieurs
reprises (2). Nous n'insisterons donc pas. L'action
dont nous allons traiter n'est rien autre chose qu'une
façon de mettre en exercice ce droit de nature contraire qui a été créé en même temps que le fait juridique et l'a frappé d'*annulabilité* (3).

141. En recherchant dans le chapitre précédent,
les diverses sanctions du dol, nous avons dû étudier la
nature de l'action établie par l'aticle 1117 (4). Nous y
avons vu une application *étendue* (5) du principe de l'art.
1382. La réparation du préjudice causé par les manœuvres, tel est, croyons-nous, plus encore que le vice du
consentement, le fondement de notre acfion.

Il est facile de s'en convaincre. Le vice du consentement, ici, c'est l'erreur (6). Or, en règle générale (7)
l'erreur ne porte pas atteinte à la validité des actes
juridiques. S'il en est autrement dans l'hypothèse du
dol, c'est qu'alors l'erreur a une cause particulière :
les manœuvres qui l'ont occasionnée. Ces dernières sont
un élément indispensable. Le législateur intervient
donc, non parce que l'acte est vicié, mais parce qu'il y a
un préjudice injustement causé.

(1) Locré, t. XII, p. 402.
(2) V. *suprà*, no 147.
(3) V. *suprà*, no 26.
(4) V. *suprà*, nos 132 et s.
(5) V. *suprà*, no 133.
(6) V. *suprà*, no 107.
(7) V. *suprà*, no 122.

D'ailleurs nous ne nous somme pas cru en droit de conclure de ce raisonnement que le mode de réparation organisé par l'article 1117 dût se borner à atteindre le seul auteur du dol. Bien que le préjudice ne soit pas imputable aux ayants cause à titre particulier (1), cependant ils n'échapperont pas aux conséquences de l'annulation, l'action aura des effets réels. Ainsi le veut la loi, nous l'avons établi précédemment (2) et nous y reviendrons (3).

142. Par son caractère *réel*, l'action organisée dans les articles 1116 et 1117 se sépare très nettement de celle fondée sur l'article 1382. Cette dernière ne peut amener qu'une annulation toute *personnelle* (4); elle présente la plus grande analogie avec les deux recours du droit romain, l'action et l'exception de dol (5), tandis que la première se rapproche beaucoup de la *restitutio in integrum* (6).

(1) En admettant que la réparation du préjudice injustement causé est la base de l'action en annulation, on peut, dans une certaine mesure, rendre raison d'une anomalie déjà signalée. (V. *suprà*, n°s 113 et 133). D'après le principe sur le dol indirect, il y aurait à peu près les mêmes motifs d'épargner les ayants cause à titre particulier que les contractants qui profitent à leur insu du dol commis par un tiers. Si pourtant la loi distingue, c'est sans doute parce que les ayants cause, tenant leurs droits de l'auteur du dol, succèdent à celui qui est personnellement responsable du préjudice causé : « *Non debeo melioris conditionis esse, quam auctor meus a quo jus in me transit* » (V, *suprà*, n° 75). Si l'on donne pour base à l'action le vice du consentement, il est impossible d'expliquer la distinction faite par la loi.

(2) V. *suprà*, n° 133.
(3) V. *infrà*, n°s 148, 156.
(4) V. *suprà*, n° 128.
(5) V. *suprà*, n°s 125 et 126.
(6) V. *suprà*, n° 133.

On peut même soutenir que ce recours prétorien est historiquement la source de notre action. Celle-ci, en effet a succédé à l'action *en rescision* de notre ancien droit qui, très fréquemment, était qualifiée de restitution en entier. Et de fait, il y avait, sous le rapport des causes et des effets, une grande similitude entre l'une et l'autre. Un second point de rapprochement était la nécessité d'obtenir, avant d'intenter l'action, des lettres de rescision délivrées au nom du roi, par les chancelleries. L'intervention directe du préteur se trouvait ainsi remplacée par celle du prince. On sait que telle fut l'origine de l'ancienne maxime : *Voies de nullité n'ont point lieu en France;* maxime assez peu exacte, car elle ne mettait aucune espèce d'obstacle à l'exercice des actions, proprement appelées *en nullité.*

Aujourd'hui, les différences qui existaient entre les deux actions en rescision et en nullité ont complètement disparu (1). Aussi, l'article 1117 parle d'un seul et même mode de recours, lorsqu'il décide que la convention entachée de dol pourra être attaquée par une action *en nullité ou en rescision* (2).

B. — 143. Si l'on s'en tenait rigoureusement aux

(1) La loi des 7-11 septembre 1790 (art. 20 et 21) a supprimé les lettres de chancellerie, et l'art 1304 du Code civil a. ramené à l'unité les délais de prescription.

(2) En général, nous préférons dire : *action en annulation.* C'est un moyen d'éviter les équivoques. Si l'on employait seuls les mots action en rescision, on pourrait croire que l'ancienne distinction n'a pas entièrement disparu. Quant à l'expression action en nullité, elle conduit facilement à une inexactitude, la nullité objet du recours n'est pas *actuelle,* elle n'est que *virtuelle,* il s'agit d'une *annulabilité* (V. *suprà,* n°s 26, 117, 140).

termes des articles 1116, 1117, 1304, il faudrait dire que l'action en annulation ne s'applique qu'aux seules conventions.

Cependant la raison ne voit pas pourquoi on ferait, sous ce rapport, une différence entre les conventions et les autres faits juridiques où la volonté a une influence égale. Pour quel motif le dol produirait-il relativement à ces derniers des effets moins considérables?

On peut considérer comme certain que le législateur n'a pas entendu établir une distinction aussi arbitraire. L'ancien droit était formel sur ce point, l'ordonnance de 1510 (art. 46) parle des *rescisions de contrats, ou d'autres actes quelconques fondés sur dol*. Si le Code avait innové, un texte l'aurait exprimé formellement. Ce texte manque. Loin de là, le mot convention est assez souvent employé par la loi dans un sens tout à fait générique, comme synonyme d'acte volontaire (1). Enfin, on trouve divers articles où il est parlé de l'action en annulation pour dol, tant à propos de conventions (art. 887, 2053), que d'actes qui en diffèrent (art. 783, 1455).

L'action en annulation est donc susceptible de s'appliquer à tous les faits juridiques volontaires, et par exemple aux acceptations et répudiations de succession, aux testaments, etc.

(1) Cela est presque évident pour l'article 1304, surtout si l'on observe que le législateur a cru devoir, dans l'article 1310, excepter formellement de l'article 1304 les délits et quasi-délits, qui cependant ne sont pas, à coup sûr, des conventions (Demolombe. *Contrats*, t. VI, n° 48, 2o).

Remarquons d'ailleurs qu'en s'adaptant à des actes de natures diverses, l'action peut elle-même subir des modifications. Elle ne sera pas toujours soumise aux mêmes règles, du moins en ce qui concerne ses conditions d'admissibilité (art. 1116). C'est ce que nous aurons à examiner dans le dernier paragraphe de notre chapitre.

§ 2. — Conditions d'exercice.

SOMMAIRE.

144. Conditions indiquées par l'article 1116.
A. — 145. Première condition. Intérêt de la distinction entre le dol principal et le dol incident.
146. Comment reconnaître le dol principal ?
147. En quoi l'erreur constitutive du dol principal se distingue de l'erreur visée par l'article 1110.
B. — 148. Seconde condition. De quelle façon le législateur a appliqué les principes relatifs au dol indirect.
149. Parallèle entre l'action de l'article 1116 et la *restitution in integrum* du droit romain.
150. Effets de la violence comparés à ceux du dol.
151. Il faut que le dol soit personnel à l'une des parties. Interprétation de cette règle.

144. Citons textuellement l'article 1116 : « Le dol » est une cause de nullité de la convention lorsque les » manœuvres pratiquées par l'une des parties sont » telles qu'il est évident que sans ces manœuvres, » l'autre partie n'aurait pas contracté. — Il ne se » présume pas, et doit être prouvé. »

Trois conditions semblent être requises par cet article :

a) Les manœuvres doivent être telles que, si elles

n'avaient pas été pratiquées, celle des parties qui en a été victime n'aurait pas contracté.

b) Il faut que ces manœuvres aient été accomplies par l'une des parties à l'acte.

c) Le dol doit être prouvé, il ne se présume pas.

Cette dernière règle n'est pas particulière à l'action en annulation, elle découle d'un principe général dont nous avons déjà développé les conséquences relatives au dol (1). Nous n'y reviendrons pas.

A proprement parler, les deux premières conditions sont donc les seules qui méritent ce nom. Elles vont maintenant être l'objet de nos développements.

A. — 145. En exigeant que les manœuvres soient telles que, si elles n'avaient pas existé, il n'y aurait eu aucun contrat, l'article 1116 vise, sans nul doute, le *dol principal*. Ce dernier devra donc, à l'exclusion du *dol incident*, se trouver à la base de toute action en annulation.

Nous n'avons plus rien à dire sur la distinction entre ces deux espèces de dol. Nous avons montré qu'elle était fondée en raison. La différence de sanction correspond à deux degrés d'altération du consentement et à deux modes de réparation du préjudice causé (2).

Toutefois, il importe de le remarquer : en droit français, la distinction a des conséquences pratiques plus graves que celles qui devraient en résulter d'après la seule théorie. L'intérêt ne consiste pas en effet seu-

(1) V. *suprà*, nᵒˢ 135 et s.
(2) V. *suprà*, nᵒˢ 14 et s., 112.

lement à savoir si l'annulation sera *totale* ou *partielle* (1), mais encore si elle sera *réelle* ou *personnelle*. Si le dol est principal, on peut exercer l'action en annulation dont les effets iront atteindre les tiers sous-acquéreurs (2); si le dol est incident, il faut se contenter de l'action de l'article 1382 dite en dommages-intérêts, laquelle ne nuira jamais qu'à l'auteur du dol.

Bien que la différence d'effets que nous signalons ne soit pas une suite directe de la nature des deux espèces de dol, cependant il est facile de la justifier. Le législateur, en établissant une sorte de *restitutio in integrum*, une annulation opposable à tous, a voulu, en même temps, la renfermer dans des limites assez étroites. Il a pensé qu'il ne fallait pas, sans un motif grave, mettre à néant les droits acquis par des tiers demeurés étrangers aux manœuvres coupables. Or, si ce motif grave se rencontre dans l'hypothèse du dol principal, il fait le plus souvent défaut dans celle du dol incident. D'ailleurs, pour rester dans les bornes de la théorie, il n'aurait pu être question que d'une annulation *partielle*, et c'était une complication nouvelle à éviter (3).

146. Il est impossible de déterminer limitativement

(1) V. *suprà*, n° 128.
(2) V. *suprà*, n° 133.
(3) On doit remarquer que, pour donner ouverture à l'action *rédhibitoire*, le Code ne tient pas compte des règles qui ont inspiré l'article 1116. L'action peut s'exercer, non seulement si l'acheteur, ayant acquis la connaissance des vices cachés, n'eût pas contracté du tout, mais encore s'il eût contracté pour un prix moindre (art. 1611, 1644). Il en est ainsi d'ailleurs, qu'il y ait ou non dol de la part du vendeur.

les caractères auxquels on reconnaîtra le dol principal.
Il n'y a pas de *critérium* fixe; de même que pour le dol
toléré (1), la distinction à faire est laissée à l'appréciation des juges. Il est vrai, comme le remarque M. Demolombe (2), qu'un indice très grave résultera du fait
que les premières ouvertures du contrat émanent de
l'auteur des manœuvres. Mais ce n'est pas là une condition nécessaire, et il pourra fort bien y avoir dol
principal, sans qu'elle soit réalisée.

147. Un point plus important consiste à distinguer
l'erreur constitutive du dol principal, de l'erreur visée
par l'article 1110. On pourrait facilement les confondre.
La première qui est le fruit des manœuvres dolosives
doit, aux termes de l'article 1116, être telle *que la partie
trompée n'aurait pas contracté sans elle*; la seconde, si
l'on s'en rapporte à l'exposé des motifs de Bigot-Préameneu, existe lorsque « le juge peut être convaincu *que
la partie ne se serait point obligée si elle n'avait pas été
dans cette erreur* (3). » Il semble que l'assimilation soit
complète, et l'on serait assez porté à dire que le dol
principal est celui qui produit, soit une erreur sur la
substance, soit une erreur sur la personne dans un contrat passé *intuitu personæ* (art. 1110).

Si cette proposition était admise, on arriverait à cette
conséquence que l'article 1116 est inutile et même faux.
Inutile, car il établit une *annulalité* qui existait déjà

<hr>

(1) V. *suprà*, no 111.
(2) *Contrats*, t. I, no 176.
(3) Locré, t. XII, p. 319. V. aussi Demolombe, *Contrats*, t. I,
no 88, 3°.

(art. 1110) ; *faux*, car il la subordonne à la condition que les manœuvres seront imputables à l'une des parties, condition superflue puisque l'existence seule de l'erreur suffit (art. 1110).

La difficulté est plus apparente que réelle. L'auteur de l'exposé des motifs a commis une méprise en nous présentant comme suffisante une condition simplement nécessaire. Chacune des deux erreurs indiquées satisfait en effet à cette condition, mais il s'en faut qu'elles soient les seules. Or, si les unes comme les autres caractérisent un dol principal, il n'y a que les premières à tomber sous le coup de l'article 1110.

La *qualité de la chose* que les contractants ont eu *principalement* en vue (1), *la personne même du contractant* lorsque le consentement a été donné *intuitu personæ*, tels sont les deux objets sur lesquels doit porter l'erreur pour devenir une cause d'annulation (art. 1110). En dehors de ces deux cas, elle reste sans effet et n'inflige aucune atteinte à la validité des actes. Il en est ainsi, par exemple, lorsqu'elle porte sur les motifs d'un contrat, ou sur les qualités accidentelles de la chose. Et ceci, quand bien même répondant à la proposition de Bigot-Préameneu, cette erreur serait telle que la partie n'aurait point consenti à s'obliger, si elle n'avait pas été sous son influence (2). D'après cela, on voit claire-

----

(1) Pothier, *Obligations*, n₀ 18.

(2) Ce qui dépend essentiellement de la nature d'esprit, des dispositions ou intentions des parties contractantes, et peut se présenter à propos des qualités les plus accidentelles de la chose.

ment quelle est la portée de *l'annulabilité* pour cause de dol principal, et quel est son domaine propre.

Ajoutons que, dans l'hypothèse où l'erreur efficace de l'article 1110 est le résultat de manœuvres, l'existence du dol, indifférente en théorie pure, cesse de l'être en pratique. Bien des difficultés se trouvent alors aplanies. D'abord, le juge n'aura pas, sauf un cas assez rare (1), à rechercher si la qualité sur laquelle on a erré constitue bien la substance de la chose. En second lieu, la controverse relative aux effets de l'erreur unilatérale (2), manquera de fondement et sera écartée. Enfin, la preuve souvent impossible en cette matière pourra s'obtenir avec facilité (3).

B. 148. Il ne suffit pas que le dol soit principal; il faut encore, pour qu'il y ait lieu à rescision, *que les manœuvres aient été pratiquées par l'une des parties.* Ce sont les termes mêmes de l'article 1116.

Evidemment, le législateur, en édictant cette règle, a voulu faire une application des principes relatifs au dol indirect, et l'on pourrait croire que sa pensée a été de les consacrer, dans notre droit, d'une façon aussi

(1) C'est le cas du dol indirect. Lorsque l'une des parties a été induite en erreur par les manœuvres d'une personne étrangère au contrat, elle peut faire annuler l'acte si elle s'est trompée sur la *substance* de la chose. Mais alors l'annulation est basée sur l'erreur et non sur le dol; elle a lieu nonobstant la bonne foi de l'autre partie.

(2) Nous admettons pour notre part que cette erreur unilatérale peut amener l'annulation d'un contrat (Demolombe, *Contrats*, t. I, no 101). La note précédente indique une hypothèse où cette annulation se comprendra fort bien.

(3) Nous avons dit que l'existence des manœuvres une fois prouvée, on en tirait une présomption relativement à l'erreur.

complète qu'ils l'étaient chez les Romains. Cependant, nous l'avons déjà remarqué (1), il s'en faut de beaucoup qu'il en soit ainsi.

Quelle est en effet l'idée fondamentale qui a donné naissance à la distinction entrele dol direct et le dol indirect? C'est que la réparation du préjudice causé ne peut en bonne justice atteindre que l'auteur du dol. Ceux qui ont acquis des droits par suite de l'acte vicié doivent, en conséquence, échapper à toute poursuite, à la seule condition d'être restés étrangers aux manœuvres. Or, deux catégories de personnes peuvent se trouver dans ce cas, d'abord les parties elles-mêmes, puis leurs ayants cause, car ceux-ci ont également un droit reposant sur l'acte vicié. La situation des premiers est entièrement respectée par le Code, tel est l'objet de la disposition qui nous occupe. Quant aux seconds, l'article 1116 ne les protège nullement; loin de là, malgré leur bonne foi personnelle, si leurs auteurs ont pris part aux manœuvres, ils seront atteints par l'annulation, puisque celle-ci a les caractères d'une *restitution en entier* (2).

Si l'on recherche pourquoi le législateur épargne les uns et sacrifie les autres, on peut sans difficulté se rendre compte de ses raisons. Il admet en principe que ceux-là sont hors d'atteinte qui profitent du dol *indirectement*, c'est-à-dire sans y avoir participé; *seul*, l'auteur des manœuvres est responsable; la réparation

(1) V. *suprà*, no 113.
(2) V. *suprà*, n°˙ 133, 142.

du préjudice causé par lui, tel est bien le fondement premier de l'action en annulation (1). En ce qui concerne les ayants cause, à ne considérer que leur bonne foi, il est vrai qu'ils devraient être épargnés, mais, d'autre part, ils succèdent à celui qui est personnellement responsable du préjudice causé ; à ce titre ils seront tenus, la règle est formelle : « *Non debeo melioris conditionis esse quam auctor meus a quo jus in me transit.* » Cette règle, le législateur français l'a appliquée dans toute sa rigueur ; au contraire, le droit romain la faisait céder, sauf exceptions (2), devant le principe général qui détermine et limite la responsabilité en matière de dol.

149. Nous trouvons ici l'occasion de terminer le parallèle précédemment établi entre la *restitutio in integrum* telle que nous l'avons admise en droit romain (3), et l'action en annulation du droit français.

La première a une nature tout à fait exceptionnelle ; mais elle peut, dans tous les cas où la chose sera plus équitable, amener une dérogation à la règle également fondée sur l'équite (4), d'après laquelle on n'est

____

(1) V. *suprà*, n₀ 141. En traitant du fondement de l'action en annulation, nous avons déjà indiqué dans une note (note 1, p. 213) ce que nous répétons ici.

(2) V. *suprà*, n° 113.

(3) V. *suprà*, n₀ₛ 98 et s.

(4) La difficulté consiste en effet à déterminer qui supportera le préjudice si le recours contre l'auteur des manœuvres se trouve insuffisant. Il faut choisir entre la victime du dol et les tiers qui ont acquis leurs droits de bonne foi. S'il est généralement préférable d'épargner ces derniers, c'est que la personne qui s'est laissé tromper est par cela même en faute. Mais cette considération peut, suivant les circonstances, être primée par d'autres.

pas responsable du préjudice causé par des manœuvres dont un autre est l'auteur.

La seconde est presque de droit commun, mais elle ne vient au secours de la victime du dol qu'à l'égard d'une seule catégorie de tiers de bonne foi. Ceux-là pourront être atteints, sans qu'il y ait aucune nécessité pour procurer la réparation du dommage souffert ; les autres ne le seront jamais, quand bien même leur situation serait beaucoup moins digne d'intérêt que celle de la victime du dol (1).

On voit que notre législation a substitué des règles fixes à cette latitude qui permettait au magistrat romain d'arriver plus sûrement à une solution équitable.

150. Nous ne signalerons qu'en passant la différence qui existe entre l'action en annulation fondée sur le dol et celle fondée sur la violence. Celle-ci (art. 1111) est affranchie de la condition mise à l'exercice de la première, on peut l'intenter contre la partie adverse, qu'elle soit ou non l'auteur de l'acte de violence.

Les raisons qui légitiment une pareille distinction entre deux hypothèses assez semblables ont déjà fait l'objet de nos recherches et de notre étude (2). Il suffira de rappeler les deux principales.

La première est tirée de considérations théoriques.

---

(1) Il n'est pas inutile de remarquer qu'en pareil cas, si l'auteur du dol est insolvable, la lésion éprouvée d'une façon irrémédiable par la partie trompée correspond ordinairement à un bénéfice réalisé par l'autre.

(2) V. *suprà*, n° 18.

Les faits qui servent de fondement à l'action constituent, dans l'hypothèse de la violence, une atteinte beaucoup plus grave à l'ordre social, que dans celle du dol. On comprend d'autant mieux qu'il soit ténu compte de la gravité différente de ces faits, que ce sont justement eux qui déterminent l'intervention du législateur. Isolé de sa cause, le vice du consentement, erreur ou crainte, serait en général sans influence (1).

La seconde raison tient à des considérations pratiques. A la différence de l'auteur des manœuvres dolosives, celui des actes de violence pourra être et sera fréquemment inconnu. De plus, on considère qu'il n'aura le plus souvent aucune solvabilité. Il importait donc de ne pas laisser sans recours la victime d'un acte aussi contraire à la bonne foi.

151. Il faut donc que le dol soit personnel à l'une des parties.

Ceci demande à être entendu.

a) Que décider d'abord au cas où l'on agit par l'intermédiare d'un mandataire conventionnel ou légal?

Il est évident que rien n'est changé en ce qui concerne le mandant. Sans figurer à l'acte il y est véritablement partie ; son dol entraînera l'annulation, s'agirait-il du dol commis par un mineur dans un contrat passé par le tuteur (art. 1310).

Si les manœuvres ont été pratiquées par le mandataire à l'insu du mandant, il y aura lieu d'appliquer le principe de la représentation : *qui mandat ipse fecisse videteur*. L'acte entaché de dol sera présumé l'œuvre du mandant et l'annulation s'ensuivra. Relativement aux dommages-intérêts la question est plus délicate. Il est hors de doute que l'on peut les exiger du mandataire, mais serait-on admis à les réclamer à celui qu'il représente ? Il faut distinguer. On ne le pourra certainement pas s'il s'agit de représentation légale ; un mineur par exemple n'est nullement tenu d'indemniser au delà d'une restitution, la victime du dol de son tuteur. Dans la plupart des cas, la solution sera différente si la représentation est conventionnelle. Sans doute, le mandant dira que les pouvoirs donnés par lui ont été outrepassés (1) (art. 1998), mais d'autre part, il faut bien considérer qu'ordinairement il sera en faute pour avoir donné sa confiance à un pareil mandataire, et là se trouve la source d'une véritable responsabilité personnelle (2) (art. 1382).

b) Bien qu'on ne puisse dire qu'il y ait représentation dans le fait du curateur qui assiste un mineur émancipé, ou du mari qui autorise sa femme, cependant nous croyons qu'il y aurait une cause suffisante d'annu-

___

(1) La fiction de la représentation ne peut être invoquée pour obliger le mandant au delà des pourvois par lui donnés ; elle s'applique aux actes du mandataire en tant seulement qu'ils ont une influence sur le contrat. Observons en outre que si le mandant, afin de se soustraire à l'action en annulation prétendait que le contrat lui-même, dans les conditions où il a été passé, n'est pas conforme aux pouvoirs reçus ; la première condition pour que sa prétention soit admise, serait qu'il ne réclamât pas l'exécution de cet acte. Celui-ci pourrait alors, suivant les circonstances, être regardé comme l'affaire propre du mandataire, et c'est contre ce dernier que l'annulation serait poursuivie.

(2) Bédarride. *Traité du dol*, t. 1, n° 81.

lation dans le dol pratiqué par l'une ou l'autre de ces deux personnes. Outre la raison d'analogie avec l'hypothèse précédente, le texte de l'article 1116 ainsi interprété ne subit qu'une bien légère atteinte, car si le curateur ou le mari ne sont pas, à proprement parler, des parties à l'acte, au moins ils y interviennent directement, et ceci pour compléter la personnalité juridique de l'une des parties.

c) En général les parties qui figurent à une convention sont au nombre de deux. Cependant, dans certains contrats, comme celui de société, il peut y en avoir bien davantage. Alors, l'annulation qui serait prononcée à la suite de manœuvres imputables seulement à l'une d'entre elles, aurait pour conséquence la destruction des droits acquis de bonne foi par les autres.

Un pareil résultat est en opposition formelle avec l'idée mère dont s'est inspiré le législateur (1). Malgré cette considération, il doit être admis. L'argument un peu judaïque (2) tiré de l'article 1116 conserve en effet toute sa valeur, si l'on observe que la restitution organisée par ce texte ne tient déjà que très médiocrement compte des droits acquis aux tiers de bonne foi (3).

Par conséquent, le nombre des contractants importe

_____

(1) V. *suprà*, n° 148.

(2) Il est d'ailleurs assez peu concluant, car il ne tient compte que de l'expression : l'une des parties. Or, si l'on continue à lire l'article, on lit ces mots : l'autre partie ; ce qui ferait supposer qu'il y en a seulement deux.

(3) V. *suprà* n° 113, 133, 118, 119.

peu ; la règle est la même : l'acte pourra être annulé eu raison des *manœuvres pratiquées par l'une des parties* (art. 1116).

d) La partie restée étrangère au dol étant appelée à bénéficier du délit commis par un autre ; on est d'accord pour exiger de sa part la plus entière bonne foi. La complicité du silence, c'est-à-dire la simple connaissance non révélée par elle des manœuvres destinées à tromper, constituera un dol négatif susceptible d'entraîner la rescision.

Mais, si sévère que l'on soit, on ne peut, sans faire violence à la loi, considérer comme une cause d'annulation le seul fait de retirer un profit de tromperies auxquelles on est resté totalement étranger. Dans la mesure où l'article 1116 la consacre, la maxime : « *Nul n'est responsable du fait d'autrui* », s'oppose à l'application de cette autre : « *Nemo debet ex damno alterius lucrari.* »

Ceci étant, nous croyons qu'il n'y a aucune exception à faire à la règle lorsque le dol est l'œuvre d'un ami, d'un parent, ou même d'un ascendant (1). De

(1) Toutefois l'ascendant devrait être assimilé à un curateur (V. *suprà*, b.) s'il avait assisté un mineur pour son contrat de mariage (art. 1398). — A propos de responsabilité du fait d'autrui, on peut se demander quelle solution il faudrait donner à l'espèce suivante. Un père de famille contracte, son fils mineur habitant avec lui a commis un dol contre l'autre partie, celle-ci pourra-t-elle exercer l'action en rescision à cause de la responsabilité qui peut incomber au père (art. 1384)? En admettant même que l'article 1384 soit applicable ici, la victime du dol ne pourrait jamais exercer qu'une action en indemnité dont le résultat serait peut-être une annulation personnelle (V. *suprà* n° 128), mais non une véritable rescision opposable à tous.

pareilles exceptions ne peuvent se fonder sur la représentation légale; elles sont absolument contraires aux dispositions les plus formelles du Code, elles iraient même jusqu'à les détruire en limitant leur application au cas impossible où l'auteur des manœuvres aurait agi sans motif.

D'ailleurs, et d'une façon générale, on perd beaucoup trop de vue que la victime du dol a un recours personnel. Si l'on peut dire des tiers de bonne foi, qu'en conservant les avantages obtenus, ils s'enrichiraient : *ex damno alterius*, c'est seulement lorsqu'il y a insolvabilité chez l'auteur responsable. En dehors de cette hypothèse et de quelques autres semblables, une restitution en entier est chose contraire à l'équité; c'est là ce que le droit romain avait compris.

§ 3. — Effets de l'action.

SOMMAIRE.

152. Division.

A. — 153. Effets à l'égard des parties. Positions respectives de celles-ci.

154. Première hypothèse : la victime du dol n'a pas exécuté la convention. En quoi consiste la voie d'exception. *Quid* de l'exécution provisoire?

155. Seconde hypothèse; la convention a été exécutée. Restitutions à faire. Règles à suivre.

B. — 156. Effets à l'égard des tiers. Deux catégories de tiers. Quand y aura-t-il chose jugée à leur égard?

157. Restitutions à faire. Distinction entre les meubles et les immeubles.

152. D'une façon générale, les effets de l'action se

résument dans l'*annulation* de l'acte juridique entaché de **dol.**

Le juge la prononce en vertu des pouvoirs qui lui sont conférés par la loi (art. 1117). Dès lors, l'acte est anéanti, à ce point même qu'il est réputé n'avoir jamais existé. En cela consiste la *rescision* qui, de notre ancien droit, a passé dans le Code (art. 1117) (1).

Par suite de cette annulation, les choses devront être replacées dans le même état que s'il n'y avait pas eu dol. Il y aura une restitution véritablement *in integrum* et, par conséquent, *in rem*. Les tiers seront atteints aussi bien que les parties; car, s'il n'y avait pas eu dol, celles-ci n'ayant rien acquis, n'auraient pu rien transmettre aux premiers.

L'action de l'article 1117 produit ainsi des effets à l'égard de deux catégories de personnes :

Des effets à l'égard des parties,

Des effets à l'égard des tiers.

Nous envisagerons séparément les uns et les autres.

A. — 153. Si l'on veut se rendre un compte exact des effets de l'action entre les parties que nous supposons, pour plus de simplicité, au nombre de deux, il importe de bien connaître leurs positions respectives.

La convention contractée par dol n'étant pas nulle de plein droit (art. 1117), il existe entre elles un lien parfaitement légal. Mais ce lien peut être rompu, et telle est précisément le but de l'action en annulation. Toute-

(1) V. *suprà*, nᵒˢ 133, 142.

fois les deux parties n'ont pas l'une et l'autre le droit de réclamer la mise à néant de l'obligation qui les unit. L'auteur des manœuvres manque absolument de titre pour cela ; se trouverait-il lésé, qu'il ne pourrait prétendre que son consentement n'a pas été libre, ni à plus forte raison invoquer sa propre turpitude. Au contraire, l'action ayant été établie en faveur de la victime du dol (1), cette dernière est absolument maîtresse d'en régler la mise en exercice (2). D'autre part, au moment où elle se décide à user de son droit, elle peut se trouver dans deux situations très différentes : ou bien, elle n'a pas encore exécuté la convention, ou bien cette exécution est chose accomplie. De là, deux hypothèses qui méritent d'être examinées séparément.

154. Nous supposons en premier lieu que la victime du dol ne s'est pas encore exécutée. *En fait*, sa posi-

(1) Cette action établie en faveur de la victime du dol ne lui est pas pour cela personnelle au sens de l'article 1166 ; elle regarde avant tout son patrimoine et peut très bien être exercée par ses créanciers. Il va sans dire aussi qu'elle passe aux héritiers.

(2) Dans les limites fixées par l'article 1304, la victime du dol, peut attendre son moment pour agir. L'autre partie aurait-elle, comme en droit romain (V. *supra* n° 57), une action pour la mettre en demeure de s'expliquer et de choisir entre l'annulation et la validation ? Nous croyons qu'il faut en principe refuser un pareil droit à l'auteur du dol, il ne peut dépendre de lui d'abréger un délai accordé par la loi, et d'ailleurs il manquerait de titre pour agir. Cependant, il ne serait pas impossible d'imaginer des hypothèses dans les quelles, la partie primitivement trompée abusant de sa faculté d'option, son adversaire pourrait baser sa demande, sur le principe largement interprété de l'article 1382 (V. *supra* n° 126) (Demolombe, *Contrats*, t. VI, n° 140).

tion est la même que s'il n'y avait pas eu échange des
consentements.

Deux partis s'offrent alors à elle. Elle peut prendre
les devants, intenter son action afin que le fait devienne
le droit. Ou plus simplement, forte de sa possession,
elle attendra les poursuites de son adversaire et, pour
se défendre, opposera sa demande d'annulation. Dans
ce dernier cas, on dit qu'elle a recours à une exception (1) : *Possidenti non competit actio sed exceptio.*

Si, dans un sens fort exact, il est vrai de dire que
la partie trompée, se bornant à réclamer le maintien de
l'état de choses actuel, agit *exceptionis ope*, cela pourtant
n'implique pas que sa situation juridique et ses modes
de défense soient toujours les mêmes.

En ce qui concerne la situation juridique, il faut
distinguer entre les conventions translatives de propriété et celles simplement productives d'obligations.
L'inexécution qui se conçoit très bien pour celle-ci,
semble absolument impossible pour les premières, car la
translation de propriété est chose accomplie. C'est donc
par un abus de langage que l'on emploie le même terme
pour qualifier deux situations *en droit* très différentes.
Toutefois, nous l'avouons, la translation de propriété
étant elle-même entachée de dol, c'est là plutôt affaire
de théorie que de pratique.

Il n'en est pas ainsi de l'examen des modes de
défense qui constituent, dans notre droit, *la voie d'exception*. Il importe fort de déterminer par quels moyens

____

(1) Nous avons vu précédemment (n° 129) que le droit de rescision constitue une exception au sens vraiment scientifique du mot.

la partie poursuivie pourra résister aux prétentions de son adversaire. Le point capital consiste à savoir si elle restera en possession, ou bien s'il lui faudra au préalable exécuter la convention conformément à la règle exprimée par Loisel (1) à propos de la rescision pour violence : « Quand le vendeur reconnaît la » vente, mais dit que ce fut par force, garnir lui » convient, et puis plaider de la force s'il lui » plaît. »

Nous croyons qu'il sera facile d'échapper à cette extrémité si l'auteur du dol est obligé d'agir en justice (2). Les tribunaux étant saisis, rien ne s'oppose à ce que l'on puisse faire valoir le moyen de défense sous la forme d'une demande reconventionnelle en annulation. Ce n'est que dans l'hypothèse ou cette demande serait rejetée, que le jugement devrait prescrire l'exécution provisoire sans caution (3).

Que décider si le créancier est déjà muni d'un titre exécutoire? Evidemment il faudra prendre au pied de la lettre la maxime : *excipiendo reus fit actor*, et saisir de son chef les tribunaux. Mais alors quel sera sur le titre l'effet de cette action, pourra-t-elle en suspendre l'exécution?

La question présente de graves difficultés. Une réponse affirmative paraît même impossible devant les ob-

(1) *Instit. coutum.*, l. 3, t. V, n° 9.

(2) Il y est obligé, soit qu'il réclame l'accomplissement d'une obligation, sans présenter la grosse d'un titre authentique, soit qu'il demande sa mise en possession après une translation de propriété (art. 1610).

(3) Car il y a promesse reconnue (art. 135 C. pr.).

servations qui furent présentées par le tribunal à propos de la rédaction de l'article 1244 du Code civil (1). Elles peuvent se résumer ainsi : il est de l'essence des titres exécutoires de recevoir leur exécution nonobstant toute contestation. Cependant, il est permis de se demander jusqu'à quel point le Code a admis cette doctrine ; son article 1319 reconnaît en effet aux tribunaux le droit de suspendre l'exécution en cas d'inscription de faux. Le principe n'a donc rien d'absolu. D'autre part, la jurisprudence (2), d'accord avec une partie de la doctrine (3), interprète l'article 1244 (C. c.) en ce sens quel les juges peuvent accorder des délais de grâce, toutes les fois qu'il ne s'agit pas de jugements dejà rendus (art. 122 C. pr.). Ces délais sont accordés en considération de la position du débiteur (art. 1244). La loi ne spécifiant pas davantage, les juges ont une entière liberté d'appréciation ; il leur est loisible de suspendre de cette façon l'exécution d'un acte attaqué pour cause de dol, si la position de la partie qui se dit trompée leur semble digne d'intérêt (4).

155. Supposons maintenant la convention exécutée. Il faudra que la partie lésée commence les poursuites et intente son action. Puis la rescision une fois prononcée, toutes choses devront être remises dans le

(1) Locré, t. XII p. 273.
(2) Dalloz, *Obligations*, n° 1778.
(3) Marcadé, art. 1244, 5 ; Aubry et Rau, III, § 349 ; Demolombe, *Revue crit.*, I, p. 331.
(4) Chauveau sur Carré, t. IV, quest. 1897 ; Mestre-Mel, thèse de doct., p. 75 et s.

même état que s'il n'y avait pas eu de convention.

Si par exemple il s'agit d'une vente, l'acheteur devra rendre la chose, et le vendeur le prix. De plus, comme il y a effet rétroactif, tous deux sont réputés débiteurs l'un envers l'autre du jour où ils ont reçu, et de la même façon que s'il y avait eu paiement de l'*indu*.

D'après cela, les restitutions auront lieu d'une manière très différente, suivant qu'elles seront faites par l'une ou l'autre partie; on devra en effet tenir compte de la bonne et de la mauvaise foi, conformément aux règles tracées par les articles 1378, 1379, 1380, 1381.

C'est ainsi que l'auteur du dol sera tenu de restituer: « tant le capital que les intérêts ou les fruits, du jour du paiement » (art. 1378). Toutefois, l'autre partie ne doit pas non plus s'enrichir à ses dépens, il faudra donc considérer comme une sorte de paiement anticipé les intérêts ou fruits perçus par elle-même, elle se bornera à réclamer la différence. Mais, sous cette restriction, son droit est incontestable ; elle aurait pu le faire valoir au moyen de l'action en dommages-intérêts (art. 1382), si les effets de la rescision ne l'en avaient dispensée. Aussi pensons-nous qu'il serait peu juridique d'appliquer ici la disposition de l'article 1682, qui établit une entière compensation entre les intérêts et les fruits, lorsque la rescision de la vente a pour cause la lésion. L'analogie manque complètement ; car, dans cet article, le législateur s'attache à adoucir la position d'un contractant auquel on ne reproche ouvertement ni dol ni violence.

Une autre application importante des mêmes règles est relative à la perte par cas fortuit des corps certains qui formaient l'objet du contrat. Tandis que la victime du dol se trouve ainsi libérée, son adversaire, dans le même cas, est tenu à lui fournir une indemnité (art. 1379). Indemnité, qu'elle aurait également obtenue par la seule action de l'article 1382. Pour la lui refuser, on ne pourrait même pas objecter que la perte se serait aussi bien produite entre ses mains (art. 1302) ; car l'obligation d'indemniser est née du jour où le préjudice a été éprouvé (1).

B. — 156. Nous avons déjà pris parti dans la controverse qui s'est élevée au sujet des effets de l'action en rescision contre les tiers. Forcé d'opter entre deux systèmes trop absolus l'un et l'autre, pour ne pas blesser l'équité (2), nous avons admis comme plus conforme aux textes et à la tradition, celui qui déclare la rescision opposable aux tiers.

Sous ce nom de tiers, on sait qu'il faut entendre les ayants cause à titre particulier de l'auteur du dol (3),

---

(1) Cette raison de droit n'existerait-elle pas, que la partie trompée pourrait encore se plaindre d'un préjudice ; en effet, si elle était restée propriétaire de la chose, elle aurait pu s'en défaire à sa juste valeur avant le cas fortuit.

(2) Le système d'après lequel la rescision n'est jamais opposable aux tiers autoriserait par exemple le sous-acquéreur à titre gratuit à conserver sa donation fruit de la mauvaise foi, et ceci alors même que la victime du dol se trouverait en présence d'un insolvable. D'autre part, tout système mixte manque absolument de fondement dans notre droit. V. *suprà*, n° 133.

(3) Nous ne parlons pas des ayants cause de la victime du dol. En effet, ses créanciers ne peuvent se plaindre ; en cas de fraude, ils auraient d'ailleurs la tierce opposition. Quant aux sous-acquéreurs,

créanciers ou sous-acquéreurs. Les premiers verront leur gage diminué par suite de l'annulation, les autres devront restituer ce qu'ils tiennent désormais *a non domino*.

L'action toutefois ne produira pas ses effets de la même manière à l'égard des deux catégories de tiers.

Les créanciers étant toujours représentés par leur débiteur, il y aura chose jugée vis-à-vis d'eux à la suite de l'instance qui a été engagée contre celui-ci. S'ils prétendent que le jugement a été rendu en fraude de leurs droits (art. 1167), ils devront se pourvoir par la tierce opposition.

Au contraire, les sous-acquéreurs ne sont nullement représentés par le défendeur à l'action en rescision, car celle-ci est intentée postérieurement à leur titre d'acquisition. Ils ne sont plus ayants cause par rapport au jugement, qui sera *res inter alios judicata*, et pour le faire tomber, ils n'auront même pas besoin de recourir à la tierce opposition (1). Par conséquent le demandeur en rescision devra mettre en cause avec la partie adverse tous les sous-acquéreurs; s'il en avait oublié quelques-uns, il lui faudrait faire de nouveau

ils ne seront pas atteints par la rescision : l'auteur du dol ne peut l'invoquer contre eux, car elle n'a pas été établie en sa faveur; il devra se contenter de recevoir ce qui a été donné en échange à l'autre partie ; celle-ci sera dès lors libérée (art. 1380), d'où il suit qu'elle n'aurait même pas d'intérêt à évincer indirectement par son action ceux auxquels elle doit garantie.

(1) Cependant ils peuvent, lorsqu'ils y ont intérêt, employer la tierce opposition. Le cas se présenterait, si, n'étant pas encore en possession, ils voulaient empêcher la restitution des choses acquises par eux.

prononcer la nullité à leur égard (1). Il importe d'observer qu'ici la maxime : *resoluto jure dantis, resolvitur jus accipientis*, est hors de cause; toute la question consiste, en effet, à savoir si l'on peut dire aux sous-acquéreurs : *Resoluto jure dantis*, en vertu d'un jugement auquel ils n'ont pas été parties.

157. Par suite de la rescision les sous-acquéreurs sont réputés avoir reçu la chose d'autrui. Ils doivent la restituer. Mais encore y a-t-il lieu de distinguer entre les meubles et les immeubles.

Relativement aux immeubles, la règle est absolue (2).

Tout en ne pouvant échapper à son application, les sous-acquéreurs de bonne foi jouissent de certains privilèges. Ils restituent la chose dans l'état où ils la possèdent, et ne répondent ni de la perte, ni des dété-

(1) On a agité la question de savoir si l'action en rescision était personnelle, réelle ou mixte (art. 59 C. pr.). Or, on ne peut lui donner aucun de ces noms si l'on ne considère que son objet direct, le droit de faire prononcer la nullité, droit créé par la loi et qui n'est à proprement parler ni réel, ni personnel. Mais, sous l'action en rescision s'en cache une autre qui la complète tout en lui restant subordonnée; celle-là peut être réelle ou personnelle et communique sa nature à la première. Élle est personnelle, lorsqu'elle tend à la restitution de choses fongibles ou détruites, ou de meubles passés aux mains de tiers de bonne foi, car elle a pour fondement le droit de créance qui supplée à la perte de revendication, c'est une *condictio sine causa*; elle est réelle, lorsqu'elle tend à la restitution de corps certains, car elle a sa source dans le droit de propriété (ou ses démembrements) qui revit par suite de la rescision. Dans ce dernier cas, si le corps certain est un immeuble, l'action devra être portée devant le tribunal de la situation.

(2) Il n'est pas douteux qu'elle doive s'appliquer aux tiers adjudicataires; l'exception de l'article 717 C. pr. a trait à la résolution pour défaut de paiement du prix, mais nullement à la rescision.

riorations, quand bien même elles seraient imputables à leur négligence : *Qui rem quasi suam neglexit nulli querelœ subjectus est.* Au contraire, ils ont le droit de réclamer une indemnité pour les dépenses nécessaires ou seulement utiles (1) (art. 555, 1634) qu'ils auraient faites. Enfin, la bonne foi leur procure le double avantage d'acquérir les fruits (art. 549) et de prescrire par dix ou vingt ans (art. 2265).

En matière mobilière, il faudra tenir compte du principe de l'article 2279 : *En fait de meubles, la possession vaut titre.*

La restitution devra néanmoins s'effectuer, si elle a pour objet des meubles incorporels (2), des universalités de meubles, ou des meubles corporels acquis de mauvaise foi (3).

Dans l'hypothèse même où il y a bonne foi, on a révoqué en doute l'application de l'article 2279. Le

---

(1) Quant aux dépenses voluptuaires (art. 1635), elles rentreront dans la demande de dommages-intérêts qu'ils peuvent diriger contre l'auteur du dol.

(2) **Autres que des titres** au porteur ou des valeurs négociables par voie d'endossement. On sait en effet que pour ces dernières les exceptions personnellement opposables au cédant ne sont pas opposables au cessionnaire. La raison en est que le signataire est considéré **comme s'étant** à l'origine, directement obligé envers le porteur actuel. Si donc ce porteur est de bonne foi, le dol devient indirect au sens de l'article 1116 et l'annulation est impossible. On voit qu'il en serait autrement dans l'hypothèse de la violence.

(3) Car la règle : *en fait de meubles, possession vaut titre,* suppose la bonne foi (art. 1141). C'est à la victime du dol à prouver qu'elle n'existe pas chez le sous-acquéreur ; il suffit pour cela de démontrer que celui-ci a eu connaissance des manœuvres (Bédarride, t. I, n° 295).

dol, en cette matière, est, dit-on (1), complètement assimilable au vol, par conséquent la revendication doit être admise pendant trois ans (art. 2279, 2°). Cette assimilation est généralement repoussée, et non sans motifs. Au seul point de vue juridique, il y a entre les deux actes des différences très caractéristiques. Le vol, *contrectatio rei fraudulosa*, suppose une dépossession opérée entièrement contre le gré du propriétaire. Pour le dol, il en est tout autrement : il y a à la fois remise volontaire et convention régulièrement faite (2), « un » titre indépendamment de la possession ; il n'en est » pas de même de la chose volée à l'égard de laquelle » il n'y a eu ni vente ni remise volontaire (3) » En outre, les raisons d'équité qui ont inspiré la disposi‑ tion de l'article 2279 conservent toute leur force dans le cas envisagé. Comme le dit très bien M. Bédar‑ ride (4), « lorsque la délivrance est constatée par une » facture régulière, quel tort pourrait-on inférer à » celui qui, sur le vu de cette facture, aurait à son tour » acheté cette marchandise ? »

(1) Chardon, t. I, n° 41.
(2) V. *suprà*, n°° 4 et 105,
(3) Cass., 20 mai 1835 (Bédarride, t. I, n° 292).
(4) T. I, n° 291.

§ IV

Des fins de non-recevoir contre l'action.

158. Alors même que toutes les conditions précédemment indiquées se trouveraient réunies, l'action en rescision échouerait, si la victime du dol, par ses actes ou ses omissions, avait créé au profit de son adversaire l'un de ces moyens de défense appelés fins de non-recevoir.

Afin de ne pas sortir des limites de notre sujet, nous envisagerons seulement, parmi ces moyens, ceux qui résultent de la *ratification* et de la *prescription* (1), et

____

(1) Faut-il considérer le dol réciproque comme une fin de non-recevoir? On sait quelles étaient les idées romaines à ce sujet. Tenant compte du fait accompli, le droit romain maintenait le *statu quo*, il accordait l'exception et refusait l'action ou la réplique (V. *suprà*, nos 62, 72, 91). Ces règles se déduisaient de la maxime :

nous nous bornerons aux questions dont l'examen doit figurer dans une étude complète sur le dol.

Ratification.

A. — 159. La ratification offre à la victime du dol un moyen de conférer une complète validité, aussi bien dans le passé que dans l'avenir, aux actes juridiques formés malgré l'imperfection de son consentement. En ratifiant, elle renonce à ce droit de nature contraire (1) qui fut dès l'origine créé à son profit. Et comme c'était justement là que résidait le principe de destruction qui menaçait l'existence de l'acte, il suit que l'*annulabilité* (2) disparaît. L'action organisée par les articles 1116 et 1117 manque dès lors de fondement, elle échoue devant la preuve de la ratification. La *nullité* dont il est parlé dans ces textes ne saurait

Cum par delictum est duorum, melior habetur possessoris causa ; » elles s'appliquaient à tous les cas de mauvaise foi réciproque. Comme elle sont fondées sur la raison, nous croyons, dans le silence du Code, qu'elles régissent encore la matière. Pour la question spéciale qui nous occupe, on doit d'autant mieux s'y référer que l'article 1116 n'a pas évidemment été fait dans le but de venir au secours d'une partie elle-même coupable de dol. Au reste, l'hypo thèse sera bien rare et pour un double motif car il faut non seulement supposer que les deux parties ont commis un dol principal, mais encore qu'après avoir découvert chacune leur erreur elles ne sont pas d'accord pour résoudre la convention. Enfin, si l'hypothèse se présente, on devra décider qu'avant l'exécution, l'une des parties à le droit d'exciper du dol commis par l'autre, mais qu'après, il ne lui est plus possible d'agir en rescision. Il serait d'ailleurs inad missible qu'en pareil cas les tiers de bonne foi fussent exposés à une éviction.

(1) V. *suprà*, n 26.

(2) V. *suprà*, nº 27, c.

être invoquée : elle n'existait pas, elle ne peut plus être prononcée.

160. Le Code distingue deux sortes de ratifications, l'une expresse, l'autre tacite.

L'article 1338 détermine minutieusement les caractères de la première. il en fait autant de règles de sa rédaction.

Puis il ajoute : « A défaut d'acte de confirmation » ou ratification, il suffit que l'obligation soit exécutée » volontairement après l'époque à laquelle l'obligation » pouvait être valablement confirmée ou ratifiée. » Ainsi, la ratification tacite résulte de l'exécution, mais non d'une exécution quelconque. Il est évident que, sous ce rapport, on ne doit pas tenir compte de celle qui est obtenue sous la contrainte légale d'un titre exécutoire. On ne saurait non plus avoir égard à toute autre qui ne serait pas entièrement libre; à celle par exemple, qui aurait eu lieu avant la découverte du dol, car elle se trouverait entachée du même vice. En résumé, dans notre espèce, il y aura ratification tacite, si la partie, après la découverte du dol, exécute volontairement l'acte vicié. Comme le dit très bien M. Bédarride (1) : « Exécuter volontairement un acte qu'on » sait être rescindable, c'est indiquer aussi positive- » ment que possible qu'on renonce à l'attaquer désor- » mais. » La présomption de la loi est, on le voit, une présomption de bon sens. *La volonté d'exécuter vaut celle de ratifier* (2).

(1) t. II, n° 609.
(2) Cette volonté d'exécuter implique nécessairement l'intention

D'après cela, le vœu de l'article 1338 sera satisfait, toutes les fois que les actes accomplis, en connaissance de cause, par la partie lésée, seront suffisants pour marquer clairement sa volonté d'exécuter. Une entière exécution ne sera pas nécessaire, des actes tendant seulement à la commencer peuvent avoir le caractère requis, tout dépendra des circonstances.

Aux actes qui indiquent la volonté d'exécuter, il semble bien qu'il faille assimiler ceux qui indiquent la volonté de maintenir l'exécution déjà faite. L'article 892 s'est inspiré de cette idée en décidant que le cohéritier qui, postérieurement à la découverte du dol, a aliéné son lot en tout ou en partie, n'est plus recevable à intenter l'action en rescision. On convient généralement que cette disposition n'est que l'application, en matière de partage, d'une règle implicitement contenue dans l'article 1338 (1).

161. Maintenant que nous connaissons les conditions qui font de l'exécution une ratification tacite, demandons-nous ce que le défendeur à l'action en rescision aura à prouver, s'il invoque cette fin de non-recevoir.

La question a divisé les auteurs. Voici, pour nous, quels seraient les éléments de la solution.

Le demandeur ayant, nous le supposons, fourni la

de réparer le vice. On ne saurait donc, comme M. Demolombe, faire de cette dernière une condition distincte (*Contrats*, t. VI, nº 770).

(1) Demolombe, *Successions*, t. V, nº 492 ; *Contrats*, t. VI, nºˢ 781, 782.

preuve du dol, sa tâche est terminée et la rescision s'impose (1). Pour l'écarter, le défendeur oppose son moyen de défense ; à son tour de prouver : *reus excipiendo fit actor*. Or, la fin de non-recevoir consiste dans l'exécution telle que l'article 1338 la détermine. Par conséquent, le défendeur aura à démontrer deux choses : *premièrement*, que son adversaire a accompli des actes manifestant clairement sa volonté d'exécuter; *secondement*, qu'il avait alors découvert le dol.

Le premier point sera établi de la façon suivante : le défendeur prouvera d'abord l'existence matérielle des actes allégués et non avoués; puis, au moyen des circonstances du fait, il démontrera qu'ils dénotent bien la volonté d'exécuter (2). Celle-ci, d'ailleurs, comme toujours, sera présumée libre ; et si le demandeur objecte que sa détermination est le résultat de la contrainte, de l'erreur, ou d'un nouveau dol, il devra en apporter des preuves.

Quant au second point, on a prétendu qu'il découlait naturellement du premier et devait être tenu pour

(1) Suivant M. Bédarride (t. II, n° 608), il n'en serait pas ainsi. Le demandeur, dit-il, sera arrêté *in limine litis* par la fin de non-recevoir tirée de la ratification. Mais, de deux choses l'une : ou le défendeur avoue le dol, et la preuve en est faite ; ou il le nie, et il ne peut dès lors être question de ratification. S'il veut user immédiatement de sa fin de non-recevoir, il devra au moins supposer l'existence du dol, et notre argumentation subsiste (V. *infrà*, n° 164, note 2, p. 251).

(2) Tout acte de l'homme étant présumé volontaire, cette seconde preuve se trouve acquise si l'exécution matérielle de l'acte est chose terminée; mais elle a besoin d'être faite séparément, si les actes accomplis ne constituent qu'un commencement d'exécution, car ils peuvent alors ne pas être assez significatifs.

constant, sauf au demandeur à renverser la présomption. Toute exécution volontaire, dit-on, est censée faite en pleine connaissance de cause : « On n'exécute un » acte, affirme à ce sujet Merlin (1), que parce qu'on » le connaît bien ; car, il n'y a qu'un insensé qui puisse » exécuter un acte qu'il ne connaît pas ou qu'il ne » connaît qu'imparfaitement, et la démence ne se » présume pas. »

Cette argumentation ne nous paraît nullement décisive, elle néglige une considération capitale. La preuve du dol sur la convention réagit sur l'exécution. Il n'est pas bien étonnant que celle-ci se soit accomplie sous l'empire de la même erreur ; la chose est même probable, car, le dol ayant été principal, comment expliquer que la partie ait exécuté *sciemment* la convention qu'elle n'eût pas consentie ?

Ce sera donc au défendeur à renverser une présomption. Il devra établir la découverte du dol (2). Et, remarquons-le, s'il est vrai que le seul fait de l'exécution ne peut lui tenir lieu de preuve, rien cependant ne l'empêche de tirer sa démonstration des circonstances qui ont accompagné ce fait.

Prescription.

B. — 162. Le maintien d'un état de choses qui a duré, tel est à la fois l'objet et la raison fondamentale

______

(1) *Quest. de droit*, v° *Ratification*, § 4, n° 5.

(2) Pour qu'il y ait ratification tacite, il faut que le dol soit découvert en tant que vice de la convention, mais ceci se présume toujours, car nul n'est censé ignorer la loi. Nous admettrions toutefois le demandeur à faire la preuve de son erreur de droit.

de la prescription. Dans les rapports sociaux, il est très vrai de dire que le temps est une puissance à laquelle aucun esprit humain ne peut se soustraire; ce qui a longtemps existé est tenu par cela seul pour solide et durable (1). La prescription, en un mot, a sa base dans la possession.

Cette institution produit très légitimement ses effets en notre matière. Celui qui a longtemps laissé subsister un état de choses contraire à son droit de rescision doit être condamné à le perdre. L'article 1304 du Code civil le constate en ces termes : « Dans tous les cas où » l'action en nullité ou en rescision d'une convention » n'est pas limitée à un moindre temps par une loi » particulière, cette action dure dix ans. »

Les motifs de cette déchéance sont ceux ordinaires de la prescription. L'ordonnance de 1510 (art. 46) les formulait ainsi : « Et afin que les domaines et pro- » priétés des choses ne soient incertaines et sans sû- » reté ès mains des possesseurs d'icelles, et que la » preuve des parties ne périsse ou ne soit rendue diffi- » cile par le laps de temps,... ordonnons que toutes » rescisions de contrats... *se prescriront* par le laps de » dix ans continuels. » Dans ce texte, on fait surtout valoir les raisons d'utilité générale et notamment l'intérêt qui s'attache à ce que la *possession*, au bout d'un certain temps, soit d'accord avec le droit. Mais, d'autres considérations ont encore dû influencer le législateur. Nous en indiquerons deux : d'abord la *négli-*

(1) Windscheid, § 105. — V. Goudsmit, § 99, n. 4.

gence dont est coupable celui qui n'a pas exercé son droit ; ensuite la présomption de *ratification* tout à fait analogue à la présomption de paiement que l'on invoque dans d'autres circonstances.

163. On a prétendu que le délai libératoire de dix ans établi par l'article 1304 n'était pas une véritable prescription. On l'a qualifié de délai préfix et invariable, dont l'expiration emporte fatalement déchéance.

Les développements dans lesquels nous sommes entrés au numéro précédent, pourraient déjà, à juste titre, être considérés comme une réfutation de cette doctrine.

Nous ajouterons encore :

a) La tradition lui est formellement contraire. L'ordonnance que nous citions porte expressément ces mots : « toutes rescisions... *se prescriront* par le laps » de dix ans continuels (1). » Et la preuve qu'on l'entendait bien en ce sens que le délai de dix ans pouvait être suspendu absolument comme la prescription, c'est que Domat et Pothier sont d'accord sur ce point. « Si l'héritier était mineur, dit le premier (2), son » temps ne commencerait d'être ajouté à celui du dé- » funt que du jour de sa majorité. » Le second (3) s'exprime ainsi : « Lorsqu'un héritier mineur succède

---

(1) Dix ans continuels, cette expression signifie simplement : « que les jours de fête ne sont ôtés, ni le temps d'absence ou vacation » Thévenot, l. II, tit. xxii, p. 373, 374).

(2) *Loix civiles,* livre II, titre VI, s. 4, n° 15.

(3) *Traité de procédure civ.*, part. V, ch. iv, art. 2, § 6.

» à un majeur..... il aura, depuis sa majorité, le temps
» qui restait au défunt pour se faire restituer. »

b) Le Code n'avait aucun motif pour innover. Si,
dans l'article 1304, il n'a pas employé le mot prescription, c'est parce que le délai libératoire qui s'y trouvait
institué rentrait évidemment dans la définition générale de l'article 2219. En l'absence de textes précis, il
est d'ailleurs beaucoup plus logique de se référer au
droit commun, plutôt que de forger arbitrairement une
institution *sui generis*.

c) L'article 2264 ne peut être opposé sans contradiction, car il règle la matière des prescriptions. De
plus, son but consiste uniquement à donner une nouvelle consécration aux dispositions spéciales, comme
celles de l'article 1304, qui se trouvent en dehors du
titre de la prescription.

d) Bien loin de fournir un argument, l'article 1676
montre clairement que les principes généraux sont
applicables à la prescription de l'action en rescision.
D'une part, en effet, ce texte ne supprime les causes
de suspension que pour une hypothèse spéciale ; d'autre part, cette hypothèse est justement celle où le
délai réduit à deux ans est devenue une courte prescription (1).

---

(1) M. Demolombe a trop bien développé les motifs qui viennent
d'être indiqués, pour qu'il soit possible de faire autre chose que
de renvoyer à ses explications. Il signale, en terminant, les complications inextricables auxquelles aboutit la doctrine du délai
préfix lorsque le mineur qui a passé un acte décède en minorité
laissant un héritier, soit majeur, soit lui-même mineur. Comment

Concluons donc. L'article 1304 établit une véritable prescription. On devra donc, dans les limites où le comporte la nature de l'action en rescision, appliquer les règles contenues au titre XX du Code civil et notamment celles relatives à l'interruption et à la suspension.

164. A quelles conditions le droit à la rescision sera-t-il prescrit?

Nous en voyons deux principales très bien résumées par M. Bédarride (1) dans cette phrase : il faut qu'il y ait *possession* d'une part, *négligence* de l'autre.

a) La prescription étant la consécration de ce qui a duré, celui qui prétend échapper par ce moyen à la rescision d'un acte juridique, ne peut être écouté que s'il allègue, en même temps que l'écoulement d'un certain délai, la possession d'un état de choses conforme à la validité de l'acte juridique. En d'autres termes, il faut que celui-ci ait reçu son exécution (2). Sinon, ce qui se prescrit, c'est bien moins le droit à la rescision de la partie lésée, que le droit à l'exécution de son adversaire.

alors faire partir le délai *du jour de la majorité* comme l'exige l'article 1304 ? (*Contrats*, t. VI, n⁰ˢ 132 à 135).

(1) t. II, n⁰ 616.

(2) On doit remarquer que l'exécution d'un acte ne suppose pas toujours un changement apporté à ce qui existait déjà. Dans le cas, par exemple, d'une libération, le débiteur libéré est immédiatement en possession de l'état de choses conforme à la validité de cet acte, et le droit de rescision qui appartiendrait à l'ancien créancier peut être prescrit. Cette remarque a son importance pour le cas où ce dernier ferait valoir la rescision par voie de réplique (V. *infrà* n⁰ 165).

b) Parmi les motifs qui légitiment la prescription de l'article 1304, nous avons indiqué la négligence du titulaire du droit et la ratification tacite émanée de lui. Or, il est clair que l'un et l'autre feront défaut, dans notre hypothèse de rescision pour cause de dol, aussi longtemps que la partie trompée se trouvera sous le coup de l'erreur produite par les manœuvres. C'est donc avec beaucoup de raison que le point de départ du délai de dix ans a été fixé par le Code (art. 1304) au jour de la découverte du dol : *Contra non valentem agere, non currit præscriptio.*

Ajoutons que la loi ne doit pas laisser prescrire un droit tant que subsiste la cause qu'elle lui assigne pour origine. Cette cause réside ici dans la mauvaise foi de l'une des parties jointe à l'erreur de l'autre. Et l'on peut appliquer au dol ce que Bigot-Préameneu (1) disait de la violence : tant qu'il n'a pas été découvert, *il renouvelle et confirme le droit de se pourvoir.*

La détermination du moment précis à partir duquel le dol est réputé connu présente quelque difficulté. Souvent cette connaissance ne s'acquiert pas tout d'un coup, mais graduellement. Dans ce dernier cas, on devra faire courir le délai du jour où la partie a eu de sérieux motifs de soupçonner le dol. Dès qu'il en est ainsi, on peut dire que celui-ci est découvert, et l'on a dix ans pour en rassembler les preuves. Le moment dont nous parlons sera déterminé par les juges qui apprécieront d'après les circonstances (2).

(1) Locré, t. XII, p. 390.
(2) La preuve de l'époque à laquelle a été découvert le dol est-elle

165. Il nous faut examiner comment se traduisent, dans le domaine de la procédure, les principes et les règles que nous venons de rechercher et d'exposer.

Le droit à la rescision peut être exercé de deux façons : en demandant ou en défendant. Dans le premier cas, son titulaire prend l'initiative, et l'on dit qu'il agit par voie d'action ; dans le second, il attend les poursuites de l'autre partie, et l'on dit qu'il agit

à la charge du demandeur en rescision ou du défendeur ? Nous croyons avec M. Chardon (t. I, n⁰ 53) qu'elle est à la charge de ce dernier. D'ailleurs, comme le fait remarquer **M.** Bédarride (t. II. n⁰ 621), qui ne partage pas cependant notre manière de voir, la question est absolument la même que pour la preuve de la ratification (V. *suprà*, n⁰ 161). Le défendeur qui invoque la prescription doit démontrer qu'elle est acquise, c'est-à-dire que dix années se sont écoulées depuis l'époque fixée par la loi, qui est celle de la découverte du dol (art. 1304). La détermination de tout autre point de départ serait d'ailleurs absolument arbitraire de sa part. — Qu'on ne dise pas non plus que nous enlevons au défendeur le bénéfice de sa fin de non-recevoir. S'il veut, tout en niant le dol, user de celle-ci *in limine litis*, il devra tenir ce langage : A supposer que la rescision soit admissible, j'oppose la prescription. Puis, admettant un instant comme vraies les allégations de son adveraire, il empêchera qu'une enquête ne soit admise, s'il réussit à en tirer des présomptions suffisantes relativement à la découverte du dol. On peut invoquer en ce sens un arrêt du 13 mars 1849 (Cass., D. P. 49, 1, 229) où il est dit, que l'article 1304 « n'exige pas que » la preuve du dol soit faite préalablement à toute détermination » de l'époque à laquelle il aura été découvert, s'il a existé ». — Nous remarquerons en outre que les partisans du système contraire au nôtre ne sont pas d'accord pour fixer le point de départ présumé du délai de dix ans ; suivant les uns (Demolombe, t. VI n⁰ 146 ce sera l'époque de la convention, suivant les autres (Bédarride n⁰ 621) celle de l'exécution. Or, si le dol a existé, il est impossible, qu'il ait été découvert lors de la convention, et il est peu probable qu'il l'ait été lors de l'exécution (V. *suprà*. n⁰ 161).

par voie d'exception (1). Ce qui caractérise ce dernier mode d'agir, nous l'avons indiqué (2), c'est la non-exécution de l'acte sujet à rescision et par conséquent la possession conforme au droit que l'on exerce.

Cette dernière remarque combinée avec ce que nous savons du fondement (3) de la prescription dicte la réponse qu'il faut faire à cette question célèbre : L'exception est-elle perpétuelle ou prescriptible ?

Disons-le de suite, la prescription s'applique à l'action, mais elle ne s'applique pas à l'exception.

En effet, normalement, l'action est le recours de la partie qui s'est exécutée (4), l'exception est celui de la partie qui est restée en possession.

Il serait inutile d'entourer de longs détails une démonstration victorieusement faite par d'éminents auteurs (5) et consacrée par une imposante jurisprudence.

Selon nous, la raison déterminante, c'est l'absence

(1) Ce droit de nature contraire aux prétentions du demandeur constitue l'exception proprement dite (V. *suprà*, nº 129). Les deux autres modes de défense que l'on qualifie quelquefois de cette façon sont nécessairement perpétuels car ils consistent, l'un à nier l'existence du droit allégué, l'autre à dire qu'il est éteint.

(2) V. *suprà*, nº 154.

(3) V. *suprà*, nº 162.

(4) Ce n'est pas à dire que, pendant le délai de dix ans. la partie restée en possession ne puisse prendre les devants et intenter l'action en rescision (V. *suprà*, nº 154. Mais, tel n'est pas le but normal de l'action; aussi est-elle prescrite, sans distinctions, à l'expiration du délai.

(5) Demolombe, *Contrats*, t. VI, nos 136 et s; Troplong, *Prescription*, t. II, nos 827 et s. Toullier, t. IV, no 600 et s. Bédarride, t. II, no 629 et s.

de la possession (1) et par la même de l'objet et de la base de la prescription. On peut encore faire valoir d'autres arguments.

a) On connaît l'ancienne règle : *Quæ temporalia sunt ad agendum, perpetua sunt ad excipiendum.* Sans doute, nous ne prétendons pas (2) en faire remonter l'origine au droit romain ; mais aussi, on ne saurait nous opposer le fameux argument tiré d'une prétendue différence entre ce droit qui aurait refusé la faculté d'agir au titulaire de l'exception, et notre droit qui la lui accorde. Nous l'avons dit (3); en droit romain, la possession de l'exception *doli* n'empêchait nullement d'exercer directement une action.

Quoi qu'il en soit, cette règle fut certainement admise par l'ancien droit. L'ordonnance de 1539 s'en était, il est vrai, écartée pour une hypothèse spéciale, celle de la minorité ; mais sa disposition ne fut, paraît-il (4), jamais appliquée, et c'est à son sujet que Dumoulin formulait cette appréciation : « *In hoc iniqua est constitutio.* »

Enfin il ne semble pas que le législateur du Code ait voulu innover ; car il parle bien de la prescription des

---

(1) C'est seulement lorsque le titulaire du droit est en possession que l'on peut dire qu'il se défend ou qu'il agit par voie d'exception. On ne doit donc pas avoir égard aux détours habiles par lesquels, après l'exécution de l'acte, il réussirait à se donner les dehors d'un défendeur (V. *suprà*, n⁰ 461, note 2).

(2) (3) V. *suprà*, n⁰ 77.

(4) Demolombe, n⁰ 137. Suivant M. Bédarride (n⁰ 630), on concilia cette disposition avec la règle, en l'appliquant seulement aux hypothèses où le mineur n'avait que le rôle apparent de défendeur (*suprà* note 1).

actions, mais il garde le silence sur celle des exceptions (1).

b) La négligence est l'une des causes de la prescription. Or, dans notre hypothèse, la partie coupable de négligence est celle qui n'a pas réclamé l'exécution de l'acte, et non celle qui a joui, en fait, de tous les avantages de la rescision. Ainsi que le disait Merlin , on ne doit jamais considérer comme trop lente la défense qui est aussi prompte que l'attaque.

c) Il est également impossible d'invoquer à l'appui de la prescription cette idée de ratification tacite qui, de l'aveu de tous, est l'un des principaux motifs de la déchéance prononcée par l'article 1304. Comment présumer l'intention de ratifier chez la partie qui, pendant plus de dix ans, s'est refusée à exécuter volontairement un acte vicié par le dol?

On le voit, les trois faits qui légitiment la prescription : *possession*, *négligence*, *ratification*, font égale-

(1) **A** défaut de textes tirés du Code, on oppose l'article 39 de la loi du 30 juin 18·8. D'après cette loi, applicable aux personnes placées dans un établissement d'aliénés, le délai de dix ans court seulement du jour de la signification de l'acte ou de la connaissance acquise postérieurement à la sortie de l'établissement. Or, dit-on, cette disposition eût été inutile si, d'après le droit commun, l'incapable avait joui d'une exception perpétuelle : il n'aurait pas été exposé, comme on le suppose, à être victime de son ignorance.

Nous répondrons d'abord que cette loi toute spéciale ne peut-être considérée comme une interprétation législative du Code. De plus la perpétuité de l'exception n'enlève pas à l'innovation son utilité. Le point de départ de la prescription se trouve ainsi plus en harmonie avec celui qui a été fixé pour le dol et l'erreur : en outre, il peut arriver que l'incapable ait à la fois perdu le souvenir de l'acte qu'il a souscrit et de l'exécution qu'il en a faite.

ment défaut. Et l'on est en droit de conclure : l'exception est perpétuelle.

166. A côté de la prescription de l'action en rescision organisée par l'article 1304, faut-il reconnaître une autre prescription qui s'accomplirait conformément à l'article 2262, par trente ans à partir de la convention?

Cette dualité de règles a été admise par un arrêt de la Cour de Paris (1). Mais nous ne pouvons adhérer à la doctrine qu'il consacre. Elle nous semble d'abord difficile à concilier avec l'article 2264. Quel serait le but de ce texte, s'il ne signifiait que les règles spéciales précédemment édictées par le Code prennent. pour ce qui fait leur objet propre, la place des règles générales sur la prescription? Les raisons qui portent sur le fond du débat nous paraissent encore plus décisives. Comme le constatait Bigot-Préameneu (2) : dans le cas d'erreur ou de dol, le point de départ de la prescription ne peut être que du jour où ils ont été découverts. Et en effet, jusque-là comment serait-il question de négligence ou de ratification tacite? Bien plus, nous l'avons dit, la cause de la rescision subsiste : elle renouvelle et confirme le droit de se pourvoir (4). Suivant l'expression de M. Demolombe (5), il y a *imprescriptibilité.*

Si l'on objecte (6) qu'il serait peu raisonnable de rece-

(1) D. P. 55, 2, 155.
(2-4) Locré, t. XII, p. 390.
(3) V. *suprà* n° 164.
(5) *Contrats*, t. VI, n_{os} 144, 165.
(6) Nous ne parlons pas de l'argument que l'arrêt tire des derniers mots de l'article 2262 : ceux-ci n'ont évidemment pas la signification qu'on leur prête.

voir après trente années une action dont le législateur
a cru devoir réduire la durée à dix ans, nous répondrons que cette limitation a été faite, précisément
parce que l'on savait très bien que le dol ou l'erreur
pourraient n'être découverts que longtemps après la
convention (1).

V. — De la rescision par rapport à certains faits juridiques.

SOMMAIRE

67 . Exposition et division.
168. La disposition générale de l'article 1116 est-elle applicable au
     mariage ?
169. Actes à titre gratuit. A l'égard de ces actes, la théorie du dol
     est primée par celle de l'erreur.
170. Acceptations de succession ou de communauté, renonciations.
     Dérogation à l'article 1116, ses motifs.

167. Si l'on s'en souvient, le principe posé par l'article 1116 a été présenté (2) comme embrassant dans
sa généralité tous les faits juridiques volontaires. Mais
en étendant de la sorte le domaine de l'action en rescision, nous avons indiqué à l'avance que des chan-
gements pourraient survenir dans ses conditions

(1) Comme on l'a très bien remarqué, pour être logique, le système que nous combattons doit étendre l'application de la prescription de trente ans à tous les cas de rescision prévus par l'article 1304·
Cette extension conduit cependant à des résultats inadmissibles,
et notamment à déclarer inattaquables après la dissolution
du mariage les actes accomplis sans autorisation par la femme ma-
riée, s'ils remontent à plus de trente ans.
(2) V. *suprà*, n° 143.

d'admissibilité. En quoi consistent ces modifications ? quelles sont les hypothèses où l'on a cru les rencontrer (1)? Tel va être l'objet de nos dernières recherches.

Bien loin d'avoir la prétention de recommencer, à propos de chaque fait juridique en particulier, l'étude de l'action en rescision, nous nous bornerons à l'examen des deux catégories d'actes qui ont paru échapper à l'application des règles générales.

Auparavant, il nous faut signaler une importante exception au principe même de la rescision.

168. Le mariage étant par son essence un contrat formé comme tout autre par l'accord des volontés, il y a lieu de demander s'il peut être annulé pour cause de dol au moyen de l'action de l'article 1116.

Malgré toute la généralité des termes de ce texte, la question n'a jamais fait l'objet d'une controverse et l'on a considéré avec raison que le titre du mariage se suffisait à lui-même.

En effet, s'il est **vrai** que le mariage est un contrat, il est non moins certain que c'est un contrat *sui generis*. Le législateur de 1804 qui admettait le divorce, par cela seul qu'il en faisait l'objet d'une réglementation restric-

---

(1) Nous ne considérons pas l'action rédhibitoire de la vente (art. 1644) comme une modification de l'action en rescision pour cause de dol. Ces deux actions sont complètement distinctes. Et, ce qu'il importe de remarquer, c'est que l'acheteur qui a ignoré les vices rédhibitoires a le droit d'agir en vertu de l'article 1116, après l'expiration des délais fixés tant par l'article 1648 que par la loi de 1838, s'il a été victime d'un dol principal soit positif, soit même négatif (V. *suprà*, n° 116, notes 2, p. 17?, note 1, p. 173.

tive, reconnaissait implicitement que l'indissolubilité est
intimement liée à la notion de ce contrat. Or, la rescision, plus encore que la nullité *ipso jure* (1), est manifestement contraire à l'indissolubilité. Aussi, toutes les
fois que le Code a voulu conférer au juge saisi par une
action le droit d'anéantir après coup un mariage jusque-
là existant, il l'a exprimé dans un texte absolument
formel.

Pour le dol, ce texte manque. Il ne faut pas s'en
étonner. Parmi les causes de rescision, nulle autre
moins que celle-là ne devait être admise. On sait que
toute action fondée sur le dol est au fond une action en
dommages-intérêts. Nous avons insisté sur ce point (2),
et nous nous joignons maintenant à M. Demolombe (3)
pour rappeler que « la rescision elle-même n'est réel-
» lement prononcée qu'à titre de dommages-intérêts,
» et comme la réparation la plus exacte du préjudice
» causé par le contrat ». Ceci étant, on comprend que
le législateur n'ait pas permis de demander l'annulation
d'un mariage comme celle d'une vente ou d'un louage,
à titre de dommages-intérêts. La dignité autant que
l'indissolubilité du contrat étaient en jeu.

---

(1) C'est à propos du mariage que la théorie des actes nuls et
annulables a été le mieux mise en lumière par les auteurs (Demolombe, *Mariage*, t. I, n_{os} 237-245; Marcadé, t. I, n° 617 et s.).
Il est certain que les nullités du Code en cette matière ne sont que
des *annulabilités*; mais il est vrai que des nullités *ipso jure* eussent
été plus conformes à la nature du mariage (V. à ce sujet, Le mariage chrétien et le Code Napoléon par le P. Ch. Daniel, *Etudes
religieuses, historiques et littéraires*, 1869, t. III, p. 5 et s.)

(2) V. *suprà*, n° 141.

(3) *Mariage*, t. I, n° 145.

Ce n'est pas à dire cependant que l'on doive ériger en axiome absolu la maxime de Loysel : en mariage trompe qui peut. Tout dépend de l'effet de la tromperie. Fréquemment le mariage qui aura suivi sera entaché d'erreur dans la personne ou de quelque autre vice intrinsèque, et de ce chef il pourra être annulé. En outre, si les manœuvres ont revêtu un caractère injurieux (1) à l'égard de l'un des époux, une fois découvertes, elles deviendront à juste titre le fondement d'une demande en séparation de corps.

169. On considère généralement que les actes à titre gratuit doivent être placés dans une classe à part au point de vue des conditions d'admissibilité de l'action en rescision.

Voyons quelle est la valeur de cette opinion.

Si l'on recherche quel est le texte qui détermine l'influence du dol sur les actes de cette nature, on n'en peut trouver d'autre que la disposition très large de l'article 1116. Disposition qui s'applique sans nul doute aux contrats, la donation en est un, et qui doit être étendue à tous les faits juridiques volontaires (2), par conséquent aux legs.

Voici maintenant où réside l'exception. On prétend qu'il n'y a pas lieu de tenir compte de la distinction entre le dol direct et le dol indirect, et l'on déclare la rescision admissible quand bien même le donataire ou

(1) On leur reconnaîtra ordinairement ce caractère, lorsqu'elles auront eu pour but d'égarer l'un des contractants sur la valeur morale de l'autre.

(2) V. *suprà*, no 143.

le légataire seraient demeurés étrangers aux manœuvres destinées à tromper.

Deux raisons sont mises en avant pour justifier cette dérogation aux règles ordinaires.

Il est vrai, dit-on, que l'article 1116 exige que les manœuvres soient imputables à l'une des parties, mais ce texte, par la place qu'il occupe au Code, concerne uniquement les actes à titre onéreux. L'argument est mauvais, bien loin de faciliter la rescision pour cause de dol, il supprime le seul texte qui la rende admissible en la matière.

La seconde raison est plus sérieuse. Elle a pour point de départ ce fait certain que, par rapport à la rescision, le donataire ne se trouve pas dans la même situation qu'un acquéreur à titre onéreux. On peut dire du premier : *certat de lucro captando*; au contraire le second, au moins dans une certaine mesure : *certat de damno vitando*. Par conséquent, lorsque le dol est l'œuvre d'un tiers, les motifs qui commandent d'épargner la partie exposée à perdre ne peuvent être invoqués par la partie exposée seulement à ne pas gagner. Nous le reconnaissons, c'est là un tempérament équitable aux principes sur le dol indirect; le droit romain (1) lui-même l'avait admis pour l'usage de l'exception *doli*. Cependant notre article 1116 ne semble pas comporter une pareille distinction. Sa disposition est absolue. Il serait arbitraire de la suivre ou de s'en écarter suivant

(1) V. *suprà*, n° 75.

que le dol a été plus ou moins lucratif (1) pour la partie appelée à en profiter innocemment (2).

Malgré les critiques que nous venons de formuler, nous croyons que le système qui en a été l'objet se rapproche beaucoup de la vérité, mais pour des raisons qui ne tiennent pas au dol considéré en lui-même.

Notre façon de voir (3) est aussi au fond celle de la jurisprudence, car on ne peut sans l'adopter invoquer, comme elle le fait, l'article 901 (4).

Rappelons d'abord, encore une fois, que l'annulation pour cause de dol a sa base, non pas directement dans le vice du consentement, mais dans les manœuvres qui ont été la source première du préjudice éprouvé. C'est pour ce motif que l'action ne doit atteindre en principe que l'auteur du dol. Cependant le vice du consentement, c'est-à-dire l'erreur produite par la tromperie, n'est pas un fait à négliger. Ici surtout, il a une importance exceptionnelle en présence de l'article 901. Ce texte exige à bon droit, chez celui qui veut disposer à titre gratuit, une liberté d'esprit plus complète que celle ordinairement requise. Sa conséquence naturelle est donc d'étendre l'influence de l'erreur (5) qui, lorsqu'elle est grave, peut bien être

(1) V. *suprà*, n° 151, *d*.

(2) Il ne faut pas non plus oublier que la rescision atteindra les ayants cause du donateur, et l'on ne peut dire pour eux : *certant de lucro captando*.

(3) Elle semble également partagée par Dalloz, *Dispositions entre vifs et test.*, n° 251.

(4) Cass , 8 août 1837, Dev. 37, 1,957; Cass., 12 juillet 1871, D. P. 72, 1,37.

(5) De Vareilles, *Etude sur l'erreur*, n° 436. Il résulte à la fois

considérée comme une maladie momentanée de l'intelligence égarée. Or, ne doit-on pas reconnaître ce
caractère à toute erreur qui a illusionné l'esprit du
disposant au point de devenir la cause déterminante
de la libéralité? De la sorte, les conditions restrictives
de l'article 1110 importent peu, et le dol principal
pourra presque toujours amener indirectement l'annulation des legs ou donations. L'existence des manœuvres, indifférente en droit, ne le sera pas en pratique car elle permettra de fournir plus facilement la
preuve de l'erreur.

A l'égard des actes à titre gratuit, la théorie du dol
se trouve ainsi primée par celle de l'erreur. Cependant elle conserve un certain intérêt. Quelquefois les
juges souverains appréciateurs ne verront pas dans
l'illusion produite par le dol principal une gravité suffisante pour motiver l'application de l'article 901.
D'ailleurs la question ne se posera même pas lorsque
les manœuvres seront imputables à la partie gratifiée.
Enfin, si le dol est seulement incident (1), l'action de
l'article 1382 permettra d'obtenir l'annulation partielle
de la libéralité, ou bien une indemnité équivalente.

des discussions préparatoires et de l'interprétation donnée à l'article 901 par la jurisprudence et la doctrine que ce texte a un
sens un peu indécis et assez élastique. Aussi croyons-nous qu'en
étendant l'influence de l'erreur, il n'a pas changé la nature de ce
vice qui, en général, est seulement une cause d'*annulabilité*
(art. 1117, 1304). Il n'y aura de nullité *ipso jure*, que si l'obscur-
cissement de l'intelligence va jusqu'à détruire le consentement
(*Contrà*, de Vareilles, n° 438).

(1) Dans ce cas, l'article 901 est évidemment inapplicable, car
l'erreur n'a pas la gravité requise.

170. Une seconde catégorie d'actes mérite d'être classée à part ; elle comprend les acceptations de succession ou de communauté ainsi que les renonciations.

Deux textes, l'article 783 et l'article 1455 autorisent formellement à se faire restituer pour cause de dol contre l'acceptation, mais ils gardent le silence à l'égard de la renonciation.

Il faut donc encore recourir à la disposition générale de l'article 1116 et reconnaître qu'elle domine la matière. Mais alors en quoi seront modifiées les conditions d'admissibilité de l'action en rescision? On est d'accord pour maintenir l'une d'elles, le dol devra être principal; quant à l'autre, on la supprime, l'action sera recevable sans qu'il y ait lieu de rechercher quel est l'auteur des manœuvres.

Cette fois-ci, la dérogation nous paraît pleinement justifiée.

Ce n'est pas que nous attachions une grande importance à la rédaction de l'article 783. Celle de l'article 1455 est différente, et l'on n'en tient pas compte ; au contraire celle de l'article 807 est toute semblable, et l'on ne songe pas à en tirer de conséquences.

Pour nous, la considération déterminante, c'est l'impossibilité d'appliquer ici les règles ordinaires. En effet, dans les actes dont il est question, une seule partie figure, celle qui accepte ou renonce. On ne doit pas qualifier de parties les héritiers ou créanciers qui ont un intérêt dans l'affaire, car non seulement ils ne traitent avec personne, mais leur existence même

est, quant à l'accomplissement |de l'acte, chose juri-
diquement indifférente (1). S'il en est ainsi, à moins
de vouloir supprimer la rescision pour cause de dol,
ce qui est inadmissible (art. 783, 1455, 1116), il faut
bien l'affranchir d'une condition irréalisable. Jamais,
on ne pourra dire des manœuvres qu'elles sont le fait de
l'autre partie.

Il importe peu d'ailleurs que le dol ait été pratiqué
par un héritier, un créancier ou un tiers. On ne saurait objecter que ce dernier, n'a pas été partie à l'acte,
puisqu'il en est de même pour les autres. De plus,
les héritiers et créanciers, entre eux, sont tous des
tiers ; et cependant la tromperie commise par un seul
rejaillit contre tous.

Nous remarquerons en terminant que, malgré l'atteinte portée aux principes sur le dol indirect, notre
solution n'a rien de contraire à l'équité (2). Par la
rescision, les créanciers ou héritiers perdent un avantage sur lequel ils ne devaient pas compter, et l'on
peut dire à leur sujet : *certant de lucro captando*. Cette
considération a déjà été présentée à propos du droit
romain. Nous avons pensé avec M. de Savigny (3)
que, jointe à l'intérêt de la victime du dol, elle avait

(1) Au contraire, dans l'hypothèse envisagée au numéro précédent, l'existence d'un légataire est une condition indispensable
pour la réalisation du legs.

(2) Du moins tant que la rescision ne va pas menacer les ayants
cause. On sait, au reste, que notre législation ne tient pas compte
de la situation de ces derniers. V. *suprà*, n° 148.

(3) T. VII, p. 207 et 208. V. *suprà*, n° 101, c.

assez d'influence sur le préteur pour amener quelquefois une *restitutio in integrum propter dolum*.

CONCLUSION

171. Toute étude sur le dol, nous avons pu le constater, en amène nécessairement une autre, celle de l'influence de l'équité sur le droit civil.

Blakstone (1) définit avec Grotius l'équité : « la » correction de ce en quoi la loi est défectueuse à raison » de son universalité. » Définition fort juste en un sens, mais qui cependant peut encourir le reproche de mettre l'effet à la place de la cause. L'équité serait mieux définie : *le droit positif idéal* (2). L'influence qu'elle doit avoir sur le droit positif réel est fort bien indiquée par Blakstone : « Puisque les lois ne peu- » vent prévoir ou exprimer tous les cas, il est » nécessaire, quand leurs dispositions générales vien- » nent à s'appliquer à des cas particuliers, qu'il » existe quelque part un pouvoir investi du droit de » définir les circonstances qui auraient été exprimées » par le législateur lui-même, s'il les avait prévues.

(1) V. Glasson, *Aperçu sur les sources du droit civil en Europe*, p. 65.

(2) L'équité n'est pas le droit naturel. Elle ne lui est jamais contraire, mais elle en diffère. Elle est le droit tel que le législateur aurait dû l'établir en s'inspirant, dans les limites de sa compétence, du juste et de l'utile. (Telles sont les deux sources des lois positives. V. Accarias, Introduction au *Précis de droit romain*).

» Et ce sont là les cas que, suivant Grotius, *lex non*
» *exacte definit, sed arbitio boni viri permittit.* »

Or, le dol, que l'on donne à ce mot un sens plus ou
moins large (1), consiste toujours à abuser de la loi ;
il en révèle une imperfection. La mission de le réparer devra donc appartenir au pouvoir judiciaire chargé
d'appliquer à chaque cas particulier la règle que le
législateur eût lui-même édictée.

Tel fut effectivement, chez les Romains, le rôle du
pouvoir judiciaire. Celui-ci chargé d'appliquer une
législation excessivement formaliste sut, en usant de
la latitude qui lui était laissée « *adjuvandi, vel supplendi,*
» *vel corrigendi juris civilis gratra* » (2), trouver peu
à peu des solutions pleines de justesse pour chacun de
ces rapports sociaux qui varient à l'infini. Tout en
respectant les anciennes institutions, il parvint à
donner un haut degré de perfection à un droit à l'origine presque barbare.

Enrichi des trésors d'expérience acquis par les siècles
passés, notre droit civil moderne a pu consacrer les
règles les plus conformes à l'équité ; il est devenu en
même temps plus immuable, et l'on doit s'en féliciter.
Cependant, notre législateur n'a pas cru son œuvre
parfaite au point de la considérer comme le dernier
terme du progrès, et c'est avec raison que nos magistrats ont puisé dans la loi elle-même le droit de combler
ses lacunes et de réparer ses imperfections (3).

(1) V. *suprà*, n° 9.
(2) D. *Justitia et jure*, l. 7, § 1.
(3) V. *suprà*, n°ˢ 126 et 127.

Mais, si les dispositions de l'article 1382 témoignent hautement que le Code n'a pas réglementé outre mesure, il faut reconnaître que l'on ne peut en dire autant pour l'article 1116. De là, les controverses que soulève l'application de ce texte (1). La *rescision* des actes entachés de dol est tantôt conforme, tantôt contraire à l'équité. Ce sont des circonstances très variables qui indiquent s'il faut rendre les tiers responsables d'un préjudice qu'ils n'ont pas causé. Il y a des principes opposés à concilier, des questions complexes à résoudre. Il semble que ce soit là surtout l'affaire du juge. Pour les cas de cette espèce, le législateur prend souvent le plus sage parti lorsque : *non exacte definit, sed arbitrio boni viri permittit.*

(1) V. *suprà*, nos 133, 141, 156.

POSITIONS

DROIT ROMAIN

I. La distinction entre le *dolus causam dans* et le *dolus incidens* a été reconnue par le droit romain (n°ˢ 14, 15, 50, 53, 55, 56).

II. Cette distinction produisait des effets, même à l'égard des contrats *stricti juris* (n°73).

III. Les contrats *bonæ fidei*, entachés de dol principal n'étaient pas nuls, mais annulables (n°ˢ 59 à 62).

VI. *La condictio indebiti* était un moyen de revenir sur l'exécution d'un contrat *stricti juris* entaché de dol. L'existence de ce recours faisait obstacle à l'exercice de l'action de dol (n°ˢ 81 à 83, 89).

V. La *restitutio in integrum propter dolum* avait une sphère d'application importante ; son existence peut se concilier avec le caractère subsidiaire de l'action de dol (n°ˢ 99 à 105).

DROIT FRANÇAIS

DROIT CIVIL

I. Les contrats peuvent être rescindés pour cause de dol négatif (n° 116).

II. L'action en dommages-intérêts fondée sur les

manœuvres dolosives (art. 1382) se prescrit par trente ans et non par dix ans, comme l'action en rescision (art. 1304) (n$_o$ 130).

III. Le vice du consentemeut n'est pas le fondement principal de l'action en rescision de l'article 1116 ; cette action a surtout pour but de réparer le préjudic ᵉ injustement causé par les manœuvres (n° 141).

IV. Cependant les effets de la rescision sont opposables aux tiers (n$_{os}$ 133, 148 à 151, 156).

V. Sous forme d'exception, le droit à la rescision est imprescriptible.

VI. Les conditions d'admissibilité déterminées par l'article 1116, sont applicables à tous les cas de rescision pour cause de dol.

Il est fait exception pour l'acceptation et la répudiation des successions ou de la communauté.

En ce qui concerne les actes à titre graduit, l'exception est plus apparente que réelle (n$_{os}$ 143, 167, 169, 170).

PROCÉDURE CIVILE

Le jugement qui prononce la rescision est *res inter alios judicata* par rapport aux tiers qui n'ont pas été appelés en cause ; ceux-ci n'ont pas à le faire tomber par voie de tierce opposition (n° 156).

DROIT CRIMINEL

1. Le défendeur, à une action en dommages-intérêts fondée sur l'article 1882 du Code civil, peut opposer une fin de non-recevoir tirée de la prescription de

l'action civile (art. 637, 638, 640 C. inst. crim.) si les faits, tels qu'ils sont articulés, constituent un délit criminel (n$_o$ 131).

II. Mais si les faits, tels qu'il sont articulés, ne constituent qu'un délit ou quasi-délit purement civil, le défendeur ne peut être admis à faire la preuve de leur caractère criminel (n$_o$ 131).

III. L'enquête une fois terminée, si la preuve des faits allégués se trouve faite, le défendeur ne doit pas être écouté dans sa prétention de s'appuyer sur les témoignages recueillis pour donner à ces faits le caractère criminel (n$_o$ 131).

IV. Le dol, même lorsqu'il tombe sous le coup de la loi pénale, ne saurait être assimilé au vol, afin d'écarter l'application de la règle : En fait de meubles, possession vaut titre (art. 2279, 2°) (n° 157).

DROIT DES GENS

I. L'annexion ne produit un changement de nationalité qu'à l'égard des sujets de l'Etat démembré qui ont leur domicile sur le territoire annexé et l'y conservent.

II. Tant que dure la faculté d'option, les habitants du territoire annexé sont citoyens de l'Etat annexant, sous condition résolutoire, et citoyens de l'Etat démembré, sous condition suspensive.

TABLE DES MATIÈRES

INTRODUCTION.

PREMIÈRE PARTIE. — DROIT ROMAIN.

CHAPITRE Ier. — GÉNÉRALITÉS.

§ I. — *De la notion du dol en droit romain et de l'extension qui lui fut donnée.*

§ II. — *Des diverses espèces de dol.*

Pages.

Pages.

Vu par le Doyen,
CH. BEUDANT.

Vu par le Président de la thèse,
J. LABBÉ.

Vu et permis d'imprimer :
Le Vice-Recteur de l'Académie de Paris,
GRÉARD.

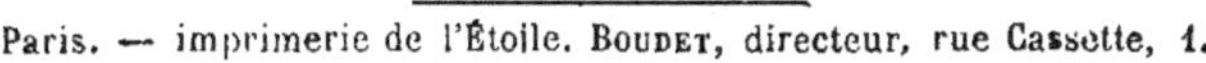

Paris. — imprimerie de l'Étoile. Boudet, directeur, rue Cassette, 1.